Pontos de Partida...
em Segurança
Industrial

Gilberto Maffei A. Sampaio

Pontos de Partida...
em Segurança Industrial

Copyright © 2003 by Gilberto Maffei A. Sampaio

Todos os direitos desta edição reservados à Qualitymark Editora Ltda.
É proibida a duplicação ou reprodução deste volume, ou parte do mesmo, sob quaisquer meios, sem autorização expressa da Editora.

Direção Editorial	Produção Editorial
SAIDUL RAHMAN MAHOMED	EQUIPE QUALITYMARK
editor@qualitymark.com.br	

Capa	Editoração Eletrônica
WAGNER DIAZ	NORTE RIO GRÁFICA

CIP-Brasil. Catalogação-na-fonte
Sindicato Nacional dos Editores de Livros, RJ

S183p

Sampaio, Gilberto Maffei A.

Pontos de partida – em segurança industrial / Gilberto Maffei A. Sampaio. – Rio de Janeiro : Qualitymark, 2002.

236p.

Inclui bibliografia
ISBN 85-7303-393-2

1. Segurança no trabalho. 2. Acidentes do trabalho. I. Título.

02-1976

CDD 620.86
CDU 62-78

2003
IMPRESSO NO BRASIL

Qualitymark Editora Ltda.
Rua Teixeira Júnior, 441
São Cristóvão
20921-400 – Rio de Janeiro – RJ
Tel.: (0XX21) 3860-8422

Fax: (0XX21) 3860-8424
www.qualitymark.com.br
E-Mail: quality@qualitymark.com.br
QualityPhone: 0800-263311

"Dedico, com carinho, este meu livro aos meus netos Mariana, Raquel, Vítor e Antoní."

PREFÁCIO

Ler a obra de Gilberto levou-me a revisitar muitos conceitos sobre temas que, como profissional de recursos humanos, tenho à minha frente quotidianamente.

Permitiu-me, também, lembrar de vitórias na área de segurança no trabalho, quando exerci, com preciosas contribuições de profissionais da mesma escola de Gilberto, e dele próprio, a liderança em Segurança, Saúde e Meio Ambiente para a ICI Paints Mercosul. Tal cenário tomou corpo entre 1996 e 2000, quando eu ainda fazia parte do Grupo da ICI Paints, através da empresa Tintas Coral Ltda.

Sou testemunha, portanto, de que as ferramentas que Gilberto disponibiliza ao leitor, de maneira muito didática, são extremamente eficazes em organizações que seriamente valorizam e respeitam seus colaboradores diretos e indiretos.

Como quaisquer sistemas desenhados e concebidos a determinado propósito, "Pontos de Partida... em Segurança Industrial" requer um leitor determinado a utilizá-lo. O estudo das causas (Capítulos 2, 4, 5, 6, 7 e 8) é fundamental a quem queira efetivamente entender a raiz dos problemas em segurança, indicando caminhos a evitar acidentes. A análise de comportamento (Capítulo 12) deve ser exaustivamente utilizada, dadas as estatísticas incontroversas sobre a influência da atitude humana na ocorrência e freqüência de acidentes. Por fim, o estudo dos riscos que cercam as atividades laborais e a aplicação de instrumentos para prevenção nas ocasiões de maior exposição a perigo são fatores determinantes a se evitar tragédias.

• • • Prefácio

O acidente de trabalho, pela experiência vivida, é inquestionavelmente evitável.

A palavra acidente, infelizmente, encontra-se banalizada na maioria das empresas, como, em geral, na sociedade. Por trás do acidente, alguém o sofre, literalmente. A dor, a perda da capacidade laboral, o abalo emocional causado pelo acidente, que ultrapassa muitas vezes a pessoa acidentada, não devem ser reduzidos a mera estatística. Esta, dentro do contexto elaborado por Gilberto, deve servir a prevenir a recorrência de incidentes, acidentes e desastres que afetem a vida das pessoas e da própria atividade econômica.

Em momento que o mundo empresarial se encanta com o tema de responsabilidade social, a obra de Gilberto concede instrumentos indispensáveis a iniciar um projeto junto àqueles que mais diretamente colaboram com o negócio.

Anos de experiência dentro e fora do Brasil, em empresas altamente responsáveis pela saúde de seus trabalhadores, habilitaram Gilberto a usar o seu talento na área e redigir ao leitor, de maneira simples e direta, "Pontos de Partida...", com excelentes exemplos de sucesso. Ao leitor, como eu, caberá utilizar as ferramentas sugeridas por Gilberto para produzir igual sucesso.

Edson Fernandes Vieira de Mattos
Diretor de Recursos Humanos
Electrolux do Brasil S. A.

SUMÁRIO

Introdução 1

CAPÍTULO 1
Acidentes e Incidentes 5

CAPÍTULO 2
Causas dos Acidentes e Incidentes 11

CAPÍTULO 3
A Pirâmide dos Acidentes 17

CAPÍTULO 4
Ordenando as Causas 23

CAPÍTULO 5
Filtrando as Informações 33

CAPÍTULO 6
Formulário de Investigação 41

CAPÍTULO 7
Árvore de Falhas 49

CAPÍTULO 8
Toque de Recolher 63

CAPÍTULO 9
Classificando Acidentes 69

Sumário

Capítulo 10
Classificando Incidentes 85

Capítulo 11
Classificando Atos Inseguros 97

Capítulo 12
Abordando Atos Inseguros 107

Capítulo 13
Analisando Riscos 117

Capítulo 14
Escrevendo Procedimentos 127

Capítulo 15
Estudo de Riscos 3 (Hazop) 137

Capítulo 16
Planos de Emergência 153

Capítulo 17
Modificações 165

Capítulo 18
Permissão Para Trabalho 175

Capítulo 19
Bloqueio de Energia 189

Capítulo 20
Inspeções 199

Capítulo 21
O Mapa da Mina 209

Índice Remissivo 217

INTRODUÇÃO

Pontos de Partida... em Segurança Industrial

Aplicando para aprender...aprendendo para aplicar...

Qualquer das duas formas é produtiva. Um dos objetivos deste livro é ser útil àqueles que freqüentemente – ou não – têm de liderar investigação de acidentes do trabalho como parte de suas responsabilidades, principalmente em indústrias. Não só os que lideram as investigações, mas também aqueles que delas participam.

Tive sempre em mente não apenas engenheiros – de qualquer qualificação –, como também supervisores, encarregados, técnicos de segurança e quaisquer outras funções que possam se envolver com tópicos de segurança industrial, seja por motivos de correção de problemas que já aconteceram, seja por esforços de natureza preventiva.

Acho, também, que universitários e técnicos (em vias de formatura) podem se beneficiar pelo acesso antecipado a temas que são rotina hoje em dia na indústria. Talvez isso sirva para prepará-los melhor para funções que ainda exercerão em futuro próximo.

Pontos de partida...os capítulos deste livro podem ser escolhidos como ponto de partida para temas que estejam sob atenção especial da organização naquele momento. Não é difícil imaginar que os capítulos foram escritos de forma genérica, pois do contrário seria impraticável que eles servissem de base para tantos casos distintos que a vida prática apresenta.

Os exemplos apresentados, no entanto, foram elaborados de forma mais específica, na tentativa de servir como modelo que possa apoiar um estudo de caso que se queira desenvolver. Muito mais que rigorismo – ou fidelidade técnica –, preocupei-me com a parte prática. Óbvio que assumo a responsabilidade por adotar e desenvolver conceitos que eventualmente firam princípios teóricos ou não reflitam fidedignamente conceitos tradicionais.

Os acidentes têm acontecido com freqüência? As investigações não têm sido satisfatórias? Remeto o leitor aos capítulos que abordam sugestões de como melhorar a qualidade dessas investigações. Outro acidente, em tudo e por tudo igual ao primeiro, aconteceu logo após, gerando não só sofrimento adicional, mas também constrangimentos? O Capítulo 8, "Toque de Recolher", talvez possa sugerir a adoção de medidas direcionadas a evitar um "repeteco" desastroso.

O leitor perceberá que incluí a técnica "árvore de falhas" (Capítulo 7), porém alerto que o desenvolvimento dado foi simplificado, objetivando principalmente facilitar a compreensão dessa técnica. Achei que a exposição apresentada poderia servir de apoio para tornar possível apreciar o poder analítico que tem essa ferramenta. A aplicação disciplinada da árvore de falhas regulamenta o processo lógico e pode ser extremamente informativa quanto aos eventos analisados.

Outros capítulos tratam de temas que de uma forma ou outra orbitam em torno da redução/eliminação de acidentes. O acidente está no "núcleo" dos nossos problemas de segurança industrial – qualquer iniciativa que tenhamos terá de contribuir para que haja uma resposta mensurável e que nos indique que estamos no caminho certo para a consecução do objetivo de redução/eliminação dos acidentes.

Não posso negar a forte influência que duas grandes companhias tiveram – e têm – em minha experiência industrial. A começar pela então Dupont do Brasil S. A., onde comecei minha carreira em 1964 e a qual produzia fungicidas, herbicidas, gases refrigerantes "Freon"® e explosivos comerciais. Posteriormente, passei a trabalhar para a ICI Explosivos, tendo sido gerente de segurança de uma fábrica de explosi-

••• Introdução

vos no Estado da Pennsylvania (EUA) e em seguida gerente corporativo de segurança, para a mesma companhia, em Dallas, Texas.

No momento em que escrevo estas linhas (janeiro de 2001), atuo como consultor de segurança industrial – em tempo integral – para a Tintas Coral Ltda., empresa do grupo ICI (do Reino Unido), pertencendo ao Negócio de Tintas desse Grupo.

Essas duas grandes empresas – a Dupont, a ICI e por conseqüência a Coral –, assim como inúmeras outras, têm a visão de que **todos os acidentes podem ser evitados**. Torna-se implícito aqui, por extensão, todos os eventos que de uma forma ou outra possam agredir pessoas, comunidades, bens materiais e meio ambiente.

É uma visão que vale a pena perseguir. É uma visão que, além de enobrecer o ser humano, traz consigo de forma consistente ganhos econômicos. É como se diz em inglês: *"Good SHE is good business"* ("Bom SHE é bom negócio)", significando que o gerenciamento eficaz de SHE (*Safety, Health, Environment* – Segurança, Saúde e Meio Ambiente) conduz a resultados econômicos atrativos.

Em tempo: a capa deste livro, habilmente criada pela Qualitymark, faz-nos extrapolar a imagem da armadilha, para situações da vida prática, em que situações de risco estão camufladas (na indústria, no comércio, nos lares).

Se este livro ajudar a eliminar e/ou desarmar tais armadilhas, sentir-me-ei recompensado.

Serão muito bem recebidas quaisquer observações que possam melhorar a qualidade da informação e o caráter prático deste livro. Para tanto, contatar-me através do seguinte e-mail: gilberto 4239@hotmail.com

CAPÍTULO 1

ACIDENTES E INCIDENTES

O ACIDENTE NO DIA-A-DIA

"O que é casual, imprevisto..."

O termo acidente nos é familiar desde a infância e, em sua maior parte, significa um ferimento ou lesão a alguém porque algo "casual, fortuito" aconteceu. Essa definição pode cobrir desde acidentes de trânsito até aqueles em nossa própria cozinha: cortes, queimaduras, quedas etc.. Basta que haja uma lesão – e imprevisibilidade – para que imediatamente o definamos como um *acidente*.

A definição acima aparenta restringir acidentes a situações que sejam casuais e imprevistas. O dia-a-dia nos mostra que o quadro é mais amplo: "Eu disse que isso ia acontecer, que ele ia se acidentar – era só uma questão de tempo".

Continuamos falando de um acidente, porém temos agora ênfase em previsibilidade e tempo. Se o evento é previsível, portanto podendo ocorrer em data futura, seria ainda considerado como acidente? Conforme veremos mais adiante, continua. E trataremos da questão de previsibilidade e de tempo dentro de um contexto que nos interesse.

O acidente na indústria

- "Evento indesejado e que resulta em ferimentos – ou lesões – a uma ou mais pessoas, podendo ainda causar perdas de materiais, danos à propriedade e ao meio ambiente."

A questão fundamental aqui gira em termos de perdas:
- perda de integridade física, resultante de lesões a pessoas;
- perda de materiais (matérias-primas, produtos intermediários, produtos acabados);
- perda de equipamentos, parcial ou total (pelos danos causados);
- perdas da integridade do meio ambiente (no caso de produtos químicos, agredindo o meio ambiente) e
- perda de imagem da empresa (acidentes catastróficos).

O que a indústria deve fazer?

Todo esforço de investigação dos acidentes deve objetivar eliminar, ou substancialmente reduzir, as perdas mencionadas. Conforme veremos ao longo deste livro, isso pode ser atingido por uma soma de ações, que incluem:

- investigação disciplinada e profissional de todos os acidentes, por menores que tenham sido (inclusive de incidentes);
- adoção de uma cultura empresarial que mobilize seus recursos intelectuais em ações concretas – de curto, médio e longo prazo – para trabalhar nas causas fundamentais dos acidentes; e
- o desenvolvimento da crença empresarial de que todo acidente é evitável.

Essa soma de ações se estendem, naturalmente, muito além de técnicas de investigação de acidentes, por melhores que sejam, conforme se pode depreender da simples listagem acima.

E o *incidente*, o que vem a ser?

- "Evento indesejado – sem lesões a pessoas – podendo causar":

- danos aos equipamentos;
- perdas de materiais;
- agressão ao meio ambiente;
- "perda de imagem empresarial".

Estamos vendo que a diferença principal da definição anterior está na ausência de ferimentos pessoais. As circunstâncias do evento foram tais que apenas por "sorte" não houve ferimentos para uma ou mais pessoas. Exemplos? Uma peça pesada cai de um andaime e não atinge qualquer pessoa. Uma cozinheira derruba uma chaleira de água fervente, sem contudo queimar-se, e assim por diante.

Note que as perdas podem ser gradativas: desde um pequeno estrago em um equipamento ou utensílio progredindo para perdas de maior magnitude, podendo até atingir a imagem da empresa, com difícil recuperação.

Seria como jogar uma pedra em um lago: círculos concêntricos imediatamente se formam. Quanto maior a pedra, mais círculos se formam. Os círculos representam as perdas: quanto mais círculos, maiores as perdas.

Mas, o que faço com essas duas definições?

A estratégia aqui é eliminar ou reduzir perdas, lembra? Então é preciso investigar todos os acidentes e incidentes, por menores que sejam. Foi dito acima que o elemento "sorte" agiu em favor de alguém para não haver um acidente pessoal. Temos de neutralizar o aspecto "chance", "probabilidade", de um acidente ou incidente de ocorrer.

No Capítulo 3 abordaremos o que se chama pirâmide dos acidentes, quando então ficará mais claro por que se reduzem substancialmente os acidentes quando também se investigam os incidentes.

Resumo

Este capítulo apresentou definições para **acidente** e **incidente**. A conceituação de **acidente** foi primeiramente feita para um ambiente não industrial, como base. Conforme vimos, basta que algo fortuito e imprevisível aconteça para que digamos que houve um acidente.

A seguir, definimos o acidente no contexto industrial, de modo que os esforços de investigação sejam coerentes com a definição dada. Aqui, além dos ferimentos ou lesões que um acidente pode causar, foi dada ênfase às perdas associadas a esse – perdas de materiais, perdas de equipamentos (parcial ou total) e perda da integridade do meio ambiente. O quadro se completou com a definição de **incidente**, conceito não menos importante do que **acidente**, já que o incidente contém todos os elementos que compõem um acidente, exceção feita de ferimentos ou lesões.

É importante lembrar que sem uma cultura que propicie ações concretas para a eliminação de acidentes não haverá sucesso duradouro.

CAPÍTULO 2

CAUSAS DOS ACIDENTES E INCIDENTES

O Fio da Meada

"Muitos caminhos levam a Roma"...esse é um dito antigo e pode significar que há diferentes maneiras de se fazer ou atingir algo. Ou seja, os diferentes caminhos levam sempre ao mesmo local e, portanto, não importa o caminho que se escolha, uma pessoa chega sempre ao mesmo lugar.

Não há dúvida que podemos aplicar a mesma interpretação quanto às causas que estão por trás dos acidentes e incidentes, isto é, diferentes caminhos podem levar ao mesmo tipo de acidente ou incidente.

Conforme se afirmou no capítulo anterior, uma lesão pode ter sido originada de inúmeras maneiras distintas: um corte, por exemplo, pode ser causado por ferramentas ou objetos cortantes típicos (como facas, lâminas etc.), farpas de madeira, e até mesmo por ...papel! Basta deslizar um dedo sobre a borda de uma folha de papel que um corte poderá acontecer!

A natureza do objeto – ou qualquer outro artigo – que tenha produzido o referido corte é apenas uma parte da história. O que temos de fazer a seguir é identificar as circunstâncias sob as quais o objeto foi usado. Em muitos casos, tais circunstâncias serão óbvias e imediatas. Em outros, poderão dar aparência de simplicidade quando na realidade encobrem causas que não se suspeitam.

Achar o fio da meada poderá ser a diferença entre o sucesso e o fracasso na investigação dos acidentes e incidentes. Valerá a pena investir tempo na identificação das causas, que, acertadas, contribuirão em muito para se evitar a repetição desses eventos.

Vamos então conceituar o que sejam "causas" e como podemos estabelecer critérios para categorizá-las e, dessa forma, dar tratamento diferenciado a elas.

Causas

O dicionário nos define *causa* como sendo "aquilo que determina a existência de uma coisa", ou "o que determina um acontecimento". E assim é, já que a intuição nos impele a buscar aqueles fatores que causaram esse ou aquele acontecimento.

Dito da maneira como está temos a impressão que essa definição em si mesma é suficiente para nos ajudar a ir ao encontro das causas fundamentais que estão por trás de um evento.

Por exemplo: um operário sofre uma queimadura química em um dos seus olhos, e, naquele momento, ele não usava óculos de segurança. Sem dúvida, tal evento é um acidente. Procuramos então as causas desse acidente. O levantamento dos fatos revela que:

a) O operário havia deixado os seus óculos de segurança na bancada;

b) A tubulação que continha o ácido vazou;

c) O operário passa raramente naquele local dentro de suas atribuições normais;

d) O vazamento era mínimo – apenas algumas gotas por minuto;

e) O acidente aconteceu justamente ao fim do turno, quando o operário se preparava para entregar a operação para o colega do próximo turno;

f) O grau de iluminação à hora do evento não era favorável;

g) Etc. etc.

Qual seria então a *causa* desse acidente? Ou por outra, existe mais de uma causa? Se existem múltiplas causas, como elas se combinam, como elas se arranjam para originar o acidente?

Não é infreqüente, como nesse caso específico, verem-se causas arroladas de forma isolada, algo como :

I) Falta dos óculos de segurança;
II) Falta de "moral de segurança" do operário;
III) Local onde a tubulação furou ("ninguém passa lá!!");
IV) A iluminação era falha, e, portanto, o operário não percebeu o vazamento;
V) Falta de manutenção da tubulação que furou;
VI) Etc. etc.

Estamos vendo nesse exemplo nada sofisticado e suscetível de acontecer com freqüência em indústrias que a correta identificação das causas não poderá ser tão simples assim. Será que a falta dos óculos de segurança, isoladamente, foi a *causa* desse acidente?

Pode-se argumentar que se ele estivesse usando os óculos de segurança, o acidente não teria acontecido, e, dessa forma, essa seria a *causa*. Poderia não ser a única, mas seria provavelmente considerada como a principal.

É importante enfatizar que o âmago da questão quanto às causas de um acidente está na combinação que elas têm *no* momento em que o acidente aconteceu. A chave dessa combinação está nos sistemas gerenciais que deveriam estar controlando comportamentos e condições físicas que geram acidentes.

Dito isso, convém evitar elaborações detalhadas no processo de investigação sem antes ordenar as informações disponíveis sobre o acidente. Tal ordenamento deverá ser feito de uma forma disciplinada e consistente. O detalhamento analítico terá a sua vez, no seu devido tempo.

A organização e ordenação das causas envolvendo um acidente serão exploradas no próximo capítulo.

Resumo

As causas de um acidente podem se combinar de distintas maneiras para determinar sua ocorrência. Arrolar simplesmente as causas, sem estabelecer vínculos com os fatores que permitiram que esse acidente ocorresse, não dará os resultados que se espera. O que se pode esperar é a repetição dos acidentes.

A relação de causas de acidentes só adquire valor analítico mais útil quando mergulhamos nos fatores que os antecedem.

CAPÍTULO 3

A PIRÂMIDE DOS ACIDENTES

ACIDENTES E FERIMENTOS (OU LESÕES)

Recordando: quando falamos em *acidente*, estamos também nos referindo a *incidentes*, lembra? É bem provável que mais adiante a importância dessa observação seja mais claramente percebida.

Precisamos agora estabelecer algumas relações que nos sejam úteis quando estivermos investigando acidentes. Tais relações deverão obedecer muito mais critérios práticos do que rigorismo técnico em definições.

Vamos primeiro analisar a relação acidente-ferimento, principalmente dentro do hábito na indústria de categorizar os acidentes segundo o grau de seriedade – ou severidade – que tiveram. "Ah, só foi um acidente leve", ou então, "foi sério: houve fratura" etc.

Quando um evento resulta em ferimento, o grau da lesão é que normalmente determina a proporcionalidade da atenção dada a esse acidente. Entre um acidente leve e um com fratura, qual teria mais atenção?

Não há dúvida que o último! Como conseqüência, é comum que as organizações tenham seus esforços voltados para atacar aqueles casos que resultaram em lesões mais sérias, que chamam mais a atenção.

Raramente a atenção é focada nas condições mais profundas e menos óbvias que determinaram a ocorrência desse acidente. É justamente sobre esse ponto que queremos explorar com mais detalhes.

Um ferimento – ou lesão – é apenas o resultado final de um acidente. **Estamos vendo o que sai pela porta, mas não estamos vendo o que está por trás da porta.**

Digamos que um operário caiu da escada portátil, que estava apoiada em um tanque de armazenagem de um produto químico, para dar acesso a um instrumento de medição. A escada quebra e o operário cai, sofrendo fratura. A investigação revela que a escada era totalmente imprópria para uso (devido ao seu estado de conservação, por exemplo).

Uma ação costumeira é substituir essa escada por outra nova, esperando que o problema esteja resolvido. Não foi a escada a causa principal, a "culpada"?

Agindo dessa forma, estaremos apenas olhando o que está por trás da porta por um diminuto orifício, por um buraquinho, o qual nos dá uma visão limitadíssima do conjunto de condições que levam acidentes como o citado de acontecer.

Precisamos enxergar mais, precisamos entender mais. Precisamos aprofundar nossa investigação, arrolando fatos e observações cercando o evento final de modo a podermos estabelecer relações de causa-efeito mais significativas.

E o que vai nos ajudar no esforço de prevenção mais duradouro é uma compreensão mais profunda das condições que determinaram a ocorrência do acidente.

Tais condições podem se repetir – ou se combinarem de modos diferentes – à medida que o tempo passa, fazendo com que acidentes já conhecidos reapareçam ou que "novos" tipos de acidentes venham a acontecer. Aí está uma das razões pelas quais as organizações se frustram quanto aos resultados na redução de acidentes.

A pirâmide dos acidentes

Frank E. Bird, Jr.[1], nos EUA, analisou acidentes com e sem lesão incluindo, em sua amostragem, atos inseguros. O total analisado superou 1 milhão e 700 mil acidentes, de diferentes tipos de atividades industriais.

---

[1] *Industrial Accident Prevention*, H. W. Heinrich, Dan Petersen e Nestor Roos. Editora: McGraw-Hill, Inc.

••• A Pirâmide dos Acidentes

Essa correlação é chamada de "Pirâmide de *Bird*". No topo da pirâmide – a porta de saída – aparece o acidente mais sério, aquele que chama a atenção. Em seqüência, aparecem, respectivamente, um número que representa acidentes com lesões menos sérias, outro para acidentes com danos materiais apenas e, por último, aqueles eventos nos quais não houve danos visíveis ou perceptíveis.

Graficamente, a pirâmide assim aparece:

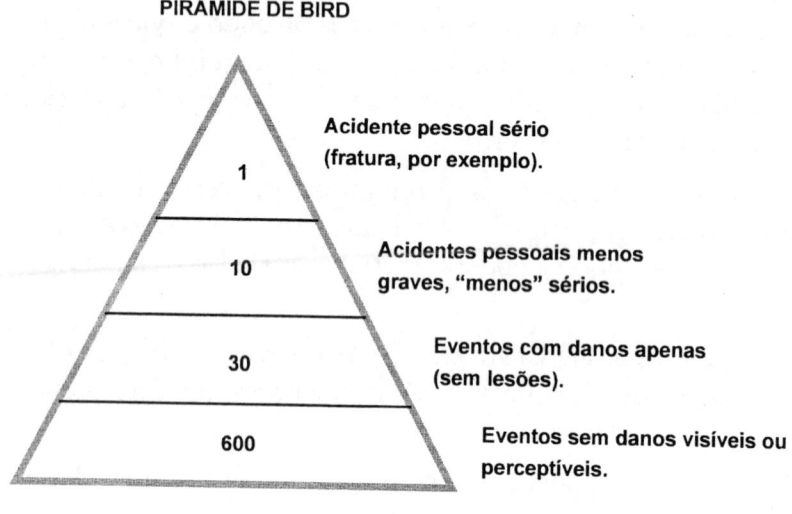

Figura 1

O importante a lembrar aqui é que os números acima apresentam relações entre si. Assim, deverá haver pelo menos um acidente pessoal sério para os eventos relacionados na pirâmide. A multiplicidade de ocorrências que não causam danos – os 600 eventos na base da pirâmide – normalmente são atos inseguros cometidos e que acabam alimentando as oportunidades para acidentes acontecerem, com ou sem lesões.

Existe, na literatura especializada, outras relações numéricas e que diferem da acima mencionada. O que queremos destacar é que é muito mais importante admitir que a fonte dos acidentes está nos atos inseguros que diariamente são cometidos nas organizações, do que discutir a quantidade dos números que compõem a pirâmide.

O que costuma acontecer é que a repetida prática de atos inseguros revela falhas no sistema gerencial da organização – falhas que vão desde treinamento inadequado ou inexistente, falta de procedimentos e até a completa ausência de um ambiente propício à prevenção de acidentes.

Os resultados de prevenção de acidentes aparecerão mais solidamente para as empresas que mergulharem mais a fundo no âmbito dos atos inseguros, do que para as empresas que olharem apenas para as causas imediatas. Será a diferença entre "escancarar" a porta e olhar pelo "buraquinho".

Voltando à escada que quebrou e como resultado um operário teve uma fratura. Se as ações ficarem apenas restritas a substituir a escada e admoestar o acidentado – "você não viu que a escada estava em mau estado?" –, é quase certo que outros acidentes acontecerão em futuro não muito distante.

Perguntas que poderiam ter sido exploradas são :

1. Existe sistema de inspeção de escadas portáteis?
2. Que padrão segue tal sistema?
3. Por que o supervisor (ou encarregado) não percebeu essa condição insegura?
4. Por que o próprio operário não percebeu essa mesma condição insegura?
5. Qual a atitude da empresa para esses casos ou semelhantes?

A empresa tem sistemas de avaliação de riscos para os trabalhos rotineiros que faz? Etc. etc.

Quando examinarmos a questão de causas dos acidentes, este tópico deverá ficar mais claro.

Resumo

A Pirâmide de *Bird* apresenta uma hierarquia de eventos que culminam em um acidente "sério" (julgado grave sob o ponto de vista da lesão causada – uma fratura, por exemplo). Mais importante do que números associados aos eventos definidos – acidente pessoal sério, acidentes pessoais menos graves – é dar-se conta de que a base da pirâmide está repleta de atos inseguros. Tais atos podem se combinar aleatoriamente para causar acidentes.

Focar atenção, portanto, apenas nos acidentes mais "sérios" equivale a encarar a prevenção de acidentes de um modo parcial apenas. Estaremos olhando os fatores causais por uma pequeníssima abertura, limitando nosso poder de análise e de ação. Enquanto não se descer à base da pirâmide, onde estão os atos inseguros, não haverá solução duradoura.

CAPÍTULO 4

ORDENANDO AS CAUSAS

ORDEM NA CASA

Acontecido um acidente, convém identificar, na medida do possível, todos os fatores que direta ou indiretamente contribuíram para que ele acontecesse. Tal iniciativa colocará numa mesma cesta esses fatores a fim de que, com calma, possamos separá-los em categorias que nos ajudem não só a compreender por que o acidente aconteceu, como também evitar sua repetição.

Precisamos agora estabelecer que categorias de causas vão nos ajudar no processo de investigação. Tenhamos em mente a definição de causa: "Aquilo que determina a existência de uma coisa", ou, simplesmente, "o que determina um acontecimento".

Dessa forma, todos os fatores que forem interpretados como tendo determinado, ou ajudado a determinar, a ocorrência do acidente deverão ser listados.

Antes, passemos a considerar três tipos abrangentes de causas dos acidentes:

1. Causa Imediata

É representada pelo último elemento – ou fator – que atingiu o acidentado, causando-lhe a lesão. Alguns exemplos esclarecerão:

- *"Corta um dedo com uma faca ao abrir uma embalagem"* – *causa imediata: faca;*
- *"Operário cai no estacionamento e sofre corte profundo em sua mão direita, por uma pequena pedra"* – *causa imediata: pedra;*

- *"Técnico de laboratório sofre queimadura química em seu braço direito com ácido sulfúrico"* – causa imediata: acido sulfúrico;
- *"Corte no dedo indicador da mão direita ao pressionar maçaneta da porta da estufa"* – causa imediata: maçaneta da estufa.

A primeira impressão que se tem é que estamos tratando do óbvio: "É claro que a faca corta!", "não é novidade que uma pedra pode perfurar" etc. etc. Um pouco mais adiante, veremos como esse conceito de causa imediata pode, em muito, ajudar no conjunto de ações preventivas e corretivas.

2. Causas Indiretas

São aquelas causas ou fatores que "ajudam" o acidente a acontecer não sendo, isoladamente, responsáveis pela ocorrência do acidente.

Exemplos clássicos de causas indiretas: pressa, preocupação – distração – espaço apinhado – falta de ordem, etc. etc.

3. Causa Raiz

É a "causa-mãe" não só do acidente em questão, como também de outros, todos guardando certa similaridade entre si.

A causa raiz tem a propriedade de "alimentar" uma série de outras causas, as quais, combinadas de forma apropriada, fazem com que o acidente aconteça. Possui ainda o atributo de estar "submersa", "camuflada". Por isso, nem sempre se chega a ela com facilidade.

A eliminação da causa raiz faz com que aquele tipo de acidente ou evento não mais ocorra. A falha em corretamente identificar a causa raiz determina freqüentemente a repetição daquele acidente ou semelhante.

Alguns exemplos podem elucidar seu significado:

- "Falta de manutenção preventiva nos equipamentos";
- "Sistema inseguro de trabalho";
- "Liderança negativa do chefe do setor";

- "Total ausência de liderança no setor";
- Etc. etc.

Atente-se para o fato de que a causa raiz se caracteriza por uma falta. A ausência de sistemas que garantiriam o bom desenrolar dos trabalhos propicia oportunidades para os desvios ocorrerem. É o que normalmente acontece.

Crítica à definição de causa imediata

O conceito de causa imediata tem aplicação geral e irrestrita? A resposta é **não**.

O contexto em que se pode aplicar o conceito de causa imediata é aquele típico de um ambiente de trabalho, no qual as atividades executadas são "simples" e com poucas (tipicamente 3 a 5) etapas sucessivas.

Exemplos? "Pendurar um quadro de 10 kg no hall de entrada de um escritório, à altura de 2,5 metros." Etapa 1: avaliar, no local, o tipo de ferramenta para fixar um suporte em uma parede. Etapa 2: providenciar os recursos de acesso seguro ao local onde será colocado o suporte. Etapa 3: instalar o suporte (por meio de furadeira, bucha etc.). Etapa 4: desmontar, com atenção, os recursos de acesso. Etapa 5: Limpar o local e levar as ferramentas e acessórios aos seus devidos lugares.

O conceito de causa imediata não acrescentaria valor em casos de incidentes mais elaborados e sofisticados. Situações típicas? Acidentes aéreos, já que tais causas normalmente envolvem interação de inúmeras causas. A análise da interação de tais causas exige recursos técnicos analíticos de porte para se chegar a conclusões sustentáveis.

No entanto...

Em tempo: Qualquer que sejam as designações das causas participantes de um acidente, não esquecer que o objetivo final é chegar à causa raiz. Em outras palavras, o que importa não é como designamos as causas, mas sim chegar a uma causa raiz válida. Os meios aqui justificam o fim. Se tal foi encontrada, e se as ações devidas forem tomadas, a repetição do evento certamente será evitada.

Mais ordem na casa?

Vamos procurar estabelecer agora quais os benefícios que nos trazem categorizar as causas dos acidentes nas três descritas anteriormente.

Causas imediatas

A identificação das causas imediatas propicia aos administradores dirigir esforços para reduzir seus efeitos ou então eliminá-las de todo. Assim, por exemplo, o uso de um determinado tipo de faca – para abrir embalagens – poderá ser substituído por uma ferramenta que faça o mesmo trabalho, mas cuja lâmina seja retrátil, evitando a exposição da lâmina às mãos do operador. A presença de pequenas pedras em pátios, estacionamentos, poderá ser eliminada (concretagem, limpezas freqüentes etc.). O uso de ácido sulfúrico poderia ser ou totalmente substituído por outro componente analítico não corrosivo ou a análise poderia ser feita em laboratórios especializados externos. O tipo de maçaneta da estufa cortou o dedo do analista que poderia ser modificada ou substituída por um tipo de maçaneta sem bordas cortantes etc. Note que essa modificação – ou substituição – seria para todas as estufas existentes.

Vemos, então, que o conhecimento das causas imediatas permite ao setor de manutenção (ou engenharia) modificar, substituir, redesenhar, eliminar itens, acessórios ou equipamentos envolvidos em acidentes. Permite, também, à organização manter um registro histórico dos acidentes com suas respectivas causas imediatas. Acidentes repetitivos e de mesmas causas imediatas devem lançar atenção imediata sobre essas causas imediatas. Sendo possível eliminá-las, estaremos evitando repetição de tais acidentes.

Causas indiretas

As causas indiretas são como "nuvens pesadas prenunciando tempestade" – elas pairam sobre a organização, ou sobre setores distintos dessa mesma organização, "ajudando" os acidentes acontecerem. Quando se combina pressa com distração, já temos aí dois fortes componentes que vão contribuir fortemente para um acidente ocorrer. Será apenas uma questão de tempo.

A dificuldade com a correta identificação das causas indiretas está em que elas podem variar, mudar à medida que o tempo passa. A presença de um barulho intermitente, por exemplo, pode interferir no entendimento de uma instrução de operação verbal e, por causa disso, contribuir com a ocorrência do acidente. Se o operador tivesse recebido essa instrução momentos antes, o entendimento da ordem teria sido melhor e o acidente, provavelmente, não teria ocorrido.

As causas indiretas que podem prevalecer durante algum tempo – digamos, por alguns meses – poderão não mais prevalecer depois disso. Seria o caso de uma chefia autocrática e que a direção da empresa resolveu desligar. A experiência demonstra que um comportamento autoritário pode causar muito estresse em um local de trabalho.

Uma conduta que atende à maior parte dos casos é arrolar todas aquelas causas que se julgam indiretas e agir sobre cada uma delas no conjunto de ações preventivas e/ou corretivas de uma dada investigação. Mesmo que algumas das causas arroladas não tenham de fato participado no acidente em questão, as ações levadas a efeito certamente contribuirão para que outros acidentes futuros venham a ser evitados ou as conseqüências minimizadas.

Causa raiz

"A raiz de todos os males é o dinheiro..."

Esse é um dito popular e que pode elucidar bem o conceito que certos eventos são "alimentados" por uma causa nem sempre aparente. Os eventos finais poderão ser distintos entre si, porém guardarão uma propriedade comum a todos eles: uma mesma causa raiz.

No caso de acidentes industriais, embora as naturezas das lesões possam ser totalmente diferentes entre si, elas podem estar relacionadas com a mesma causa raiz. Daí a importância de identificar, da melhor forma possível, a causa raiz de um acidente.

O grau de sucesso na referida identificação depende em muito de perspicácia e de disciplina no processo de investigação. Há que se continuamente perguntar: "Por que isso aconteceu?" À resposta dada, repetir a mesma pergunta, "por que isso aconteceu?" Quando não for mais possível repeti-la, provavelmente se encontrou a causa raiz.

Uma condição a se atender, quanto à resposta dada, é que a causa raiz identificada permita ações concretas e práticas no contexto do evento, quanto às ações preventivas e corretivas do acidente em questão. O exemplo que se repete a seguir poderá esclarecer mais essa afirmativa.

No caso que vimos, no capítulo passado, do operador que se queimou no braço com ácido que vazou de uma tubulação, a equipe de investigação arrolou as seguintes causas:

I) Falta dos óculos de segurança;
II) Falta de "moral de segurança" do operário;
III) Local onde a tubulação furou ("ninguém passa lá!!");
IV) A iluminação era falha, e portanto o operário não percebeu o vazamento;
V) Falta de manutenção da tubulação que furou;
VI) Etc. etc.

Inquirindo-se mais profundamente a falta de "moral" de segurança do operador (item I) e a falta de manutenção da tubulação que furou (item V), quanto às razões pelas quais aconteceram, vamos admitir que as seguintes conclusões foram estabelecidas:

Operador:

- O operador de fato não tinha "consciência" de segurança (comprometimento aos princípios de segurança industrial);
- O operador havia sido sofrido um processo superficial de seleção;
- Houve treinamento informal apenas na função;
- A empresa não tem processos confiáveis de seleção e treinamento de pessoal.

Tubulação que furou:

- Não existe um sistema formal de inspeção de equipamentos quanto às falhas que possam apresentar;
- Não existe um sistema de avaliação de riscos para trabalhos rotineiros de manutenção;
- Não existe uma política de segurança que integre os diversos setores da empresa (setor produtivo com setores de suporte);
- Etc.

Listando-se agora as causas imediata, indiretas e raiz teríamos:

Causa imediata

- Ácido da tubulação.

Causas indiretas

- Falta dos óculos de segurança;
- Iluminação falha;
- Operador desatento com segurança;
- Tubulação corroída, sem manutenção;
- Etc.

Causa raiz

Falta de um sistema seguro de trabalho que contemple não só seleção e treinamento de operadores, como também de manutenção preventiva e corretiva das instalações.

Níveis de causas raízes?

Pode-se argumentar que, na realidade, a causa raiz seria ainda mais "profunda", qual seja, "falta de uma política de segurança industrial da empresa que a direcione para resultados mais duradouros quanto a práticas mais seguras de trabalho".

Conquanto tal afirmativa possa também ser verdadeira, lembro ao leitor quanto à observação feita anteriormente que "a causa raiz identificada permite ações concretas e práticas no contexto do evento".

Assim, admitindo-se a causa raiz como sendo a falta de um sistema seguro de trabalho que contemple não só seleção e treinamento de operadores, como também de manutenção preventiva e corretiva das instalações, a empresa teria diante de si a opção de colocar um plano prático em ação que leve em conta:

TÓPICO	QUEM	QUANDO
Decidir sobre sistema de seleção de funcionários que seja consistente com a dimensão e objetivos da empresa		
Implantar sistema de seleção escolhido		
Montar sistema de treinamento de funcionários da empresa, iniciando pela área operacional		
Estabelecer sistema de manutenção preventiva e corretiva dos equipamentos da empresa		
Etc.		

A adoção do plano acima não excluiria, obviamente, ações que contemplem iniciar um processo na empresa que faça com que sua diretoria lidere, pelo exemplo, um comportamento que demonstre comprometimento com a redução de acidentes do trabalho de forma consistente e duradoura. Tal comportamento deveria se permear através de todos os níveis da empresa.

Resumo

Ajuda, em muito, no processo de investigação, listar todos os fatores que direta ou indiretamente contribuíram para que um acidente acontecesse. Uma vez esgotada tal listagem, separar tais fatores em três tipos de causas: (1) imediata, (2) indiretas e (3) raiz.

A causa imediata apenas identifica o elemento de último contato com o acidentado, ou seja, o agente que causou a lesão. É sempre possível modificar, substituir – e até mesmo eliminar – fatores que tenham sido identificados como causas imediatas. Por mais óbvia que possa ser essa identificação, ela pode ser extremamente útil e importante em inúmeros casos.

As causas indiretas "ajudam" um acidente a acontecer, porém não são, usual e isoladamente, responsáveis pela ocorrência. É o caso de pressa, preocupação, falta de informação, falha de comunicação etc.

Já a causa raiz identifica falta de sistemas, que, se existissem, evitariam que um acidente acontecesse. "Falta de um programa de treinamento", "falta de uma política de segurança" etc. Convém ressaltar que podem existir diferentes níveis de causas raízes. Convém identificar mais rápido aqueles em que se possa, o mais prontamente possível, montar um plano prático de trabalho que contemple o nível considerado adequado às circunstâncias.

CAPÍTULO 5

FILTRANDO AS INFORMAÇÕES

A Boa-Fé na Investigação

Não há dúvida que devemos fazer uso de boa-fé quando investigamos acidentes! Afinal, um relacionamento profissional e sincero é sempre contributivo e deve ser incentivado continuamente.

A experiência prática demonstra, no entanto, que muitas vezes um processo de investigação entra por caminhos que não darão sustentação às conclusões finais desse processo. Não porque haja má-fé, necessariamente. Informações vitais podem ser distorcidas, não intencionalmente, em qualquer ponto entre a coleta de dados em sua origem e até sua interpretação final.

Com o objetivo de diminuir a possibilidade de distorção dos dados, o que pretendemos fazer agora é apresentar algumas sugestões e considerações quando se estiver consolidando as causas de um acidente em suas três grandes categorias (imediata, indiretas e raiz).

O que aconteceu?

Essa é, sem dúvida, a primeira pergunta que fazemos quando nos comunicam sobre um acidente. Além de ser intuitiva, ela constitui a base sobre a qual vamos montar todo o processo de investigação de um acidente.

Fica então claro que se a base não for sólida, o resto da estrutura com certeza não o será. Vale a pena, dessa forma, *filtrarmos* todas as informações que explicam *o que aconteceu*, por meio de testes que mostrem que as evidências suportam os dados sob análise.

Fatos e opiniões

Fato, segundo George S. Odiorne[1], é uma condição que a evidência indica ser verdadeira. Já o dicionário nos diz que fato é (1) coisa ou ação feita, (2) aquilo que é real. Estamos vendo que a condição a ser preenchida é a da correspondência com a realidade. Como não estamos tratando com uma ciência exata, vamos adotar a definição de George S. Odiorne, já que ela preenche as necessidades práticas de nossos propósitos.

Opinião

A opinião, necessariamente mais fraca que um fato, "é a maneira de opinar, modo de ver pessoal, um parecer emitido sobre certo assunto".

Alerta! Raramente temos à nossa disposição 100% de dados que são *fatos* – após passarmos os dados pelo escrutínio da realidade – e então somos impelidos a incluir as melhores informações disponíveis, mas que não passam de opiniões, embora bem fundamentadas.

Mas onde está o "problema?"

O problema normalmente se encontra atrás das evidências, dos fatos frios. Para que a investigação seja significativa, devemos identificar da melhor maneira possível, quais fatores levaram um determinado evento a acontecer. Conforme já vimos anteriormente, um corte – portanto um evento final – pode ser causado por diferentes objetos e de distintas maneiras. O corte é um fato, inquestionável, já que é facilmente constatável. Porém o que aconteceu antes poderá ser de difícil constatação.

O que se tem a fazer é mergulhar mais profundamente nos dados que precedem o evento final e verificar, da maneira mais realista possí-

---

[1] *Administração por Objetivos*, George S. Odiorne, Livros Técnicos e Científicos Editora S. A.

vel, se as evidências suportam as hipóteses levantadas. No caso de um corte na mão, ao executar uma parte de um procedimento operacional, convém explorar:

1. o próprio objeto cortante, *in loco*;
2. evidências de sangue nesse objeto;
3. exatamente como o corte ocorreu (reconstituição);
4. informações de eventuais testemunhas etc.

Pelo simples exemplo acima, se vê que uma investigação poderá ser totalmente comprometida, embora admitindo-se que a causa imediata tenha sido corretamente identificada. As causas indiretas desse acidente estariam carecendo de solidez e, portanto, levariam a apontar para uma falsa causa raiz. Pode-se até argumentar que o objeto cortante em questão seja banido daquela operação, não podendo, dessa forma, causar novos acidentes.

Lamentavelmente, novos acidentes aparecerão, sob outras formas, caso as evidências das informações sejam de pouca sustentação É só uma questão de tempo.

Apresentamos a seguir um modelo que poderá ser útil:

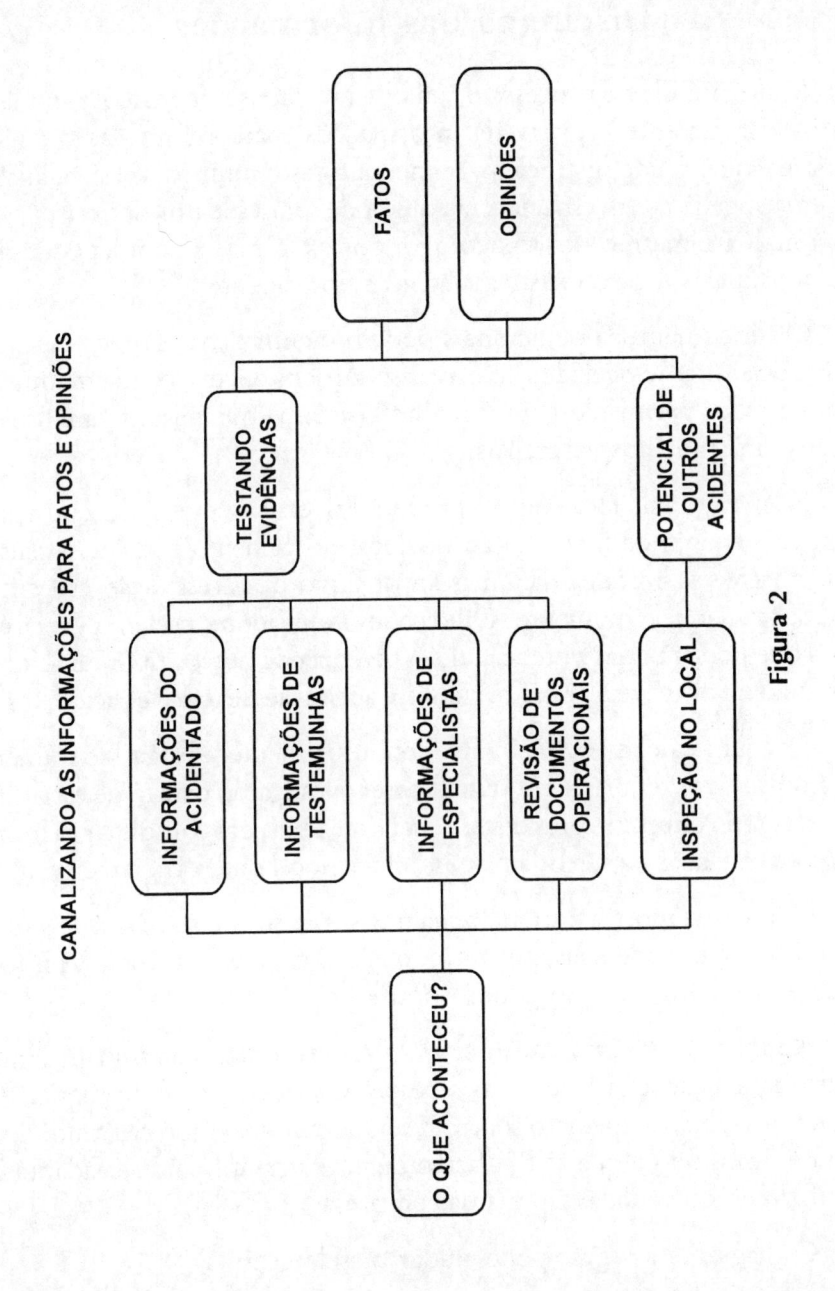

CANALIZANDO AS INFORMAÇÕES PARA FATOS E OPINIÕES

```
                              ┌─────────┐
                              │  FATOS  │
                              └────┬────┘
                              ┌─────────┐
                              │ OPINIÕES│
                              └────┬────┘
           ┌──────────────────────┴──────────────────────┐
    ┌──────────────┐                              ┌──────────────┐
    │  TESTANDO    │                              │ POTENCIAL DE │
    │  EVIDÊNCIAS  │                              │    OUTROS    │
    └──────┬───────┘                              │  ACIDENTES   │
           │                                      └──────┬───────┘
  ┌────┬───┼───┬────┐                                    │
  │    │       │    │                             ┌──────────────┐
┌────┐┌────┐┌────┐┌────┐                          │  INSPEÇÃO    │
│INF.││INF.││INF.││REV.│                          │  NO LOCAL    │
│ACID││TEST││ESP.││DOC.│                          └──────────────┘
└──┬─┘└──┬─┘└──┬─┘└──┬─┘
   └─────┴──┬──┴─────┘
      ┌──────────────┐
      │ O QUE        │
      │ ACONTECEU?   │
      └──────────────┘
```

Figura 2

Disciplina das informações

Muito auxilia no processo de análise tabelar as informações acima, a fim de facilmente cruzar tais informações, para reforçá-las ou não. Assim é que, sendo justificado, se incluam testemunhos de especialistas na investigação. Um especialista aqui pode ser desde um eletricista profissional, até mesmo um toxicólogo, por exemplo. Tudo depende das circunstâncias e características técnicas do acidente.

Os documentos operacionais podem incluir desde ordens escritas, folha de anotação de dados do processo, ordens de serviço (de manutenção), até de "permissão para trabalho" (sistema que permite análise de riscos em trabalhos rotineiros).

E a inspeção no local, que valor tem? Talvez não se dê conta que a presença da equipe de investigação no local do acidente pode acrescentar informações valiosas e adicionais ao objetivo da investigação específica que se faz naquele momento. Olhos mais inquisidores poderão ver situações que possam criar potencial de ocorrência de outros tipos de acidentes. Não foi dito que o grande objetivo é a redução de todos os acidentes?

As equipes de investigação investem usualmente substantivo número de horas – às vezes dias – em trabalho de investigação dentro de escritórios. O tempo em escritórios deverá apenas se usar para consolidar as informações coletadas – a verdadeira *fonte* está no local onde ocorreu o evento.

Conforme mostra o modelo, há que se passar toda a massa de dados pelo crivo das evidencias, permitindo então caracterizar todas as informações ou como fatos ou como opiniões.

Alinhar ordenadamente as causas permitirá plano de trabalho imediato para as ações preventivas e corretivas que o acidente requer. O plano de trabalho imediato será apresentado no próximo capítulo, dentro de um modelo que seja suficientemente versátil para ser adaptado conforme necessidades típicas das empresas.

O diagrama a seguir pode ajudar a esclarecer:

FILTRANDO E ORGANIZANDO AS INFORMAÇÕES

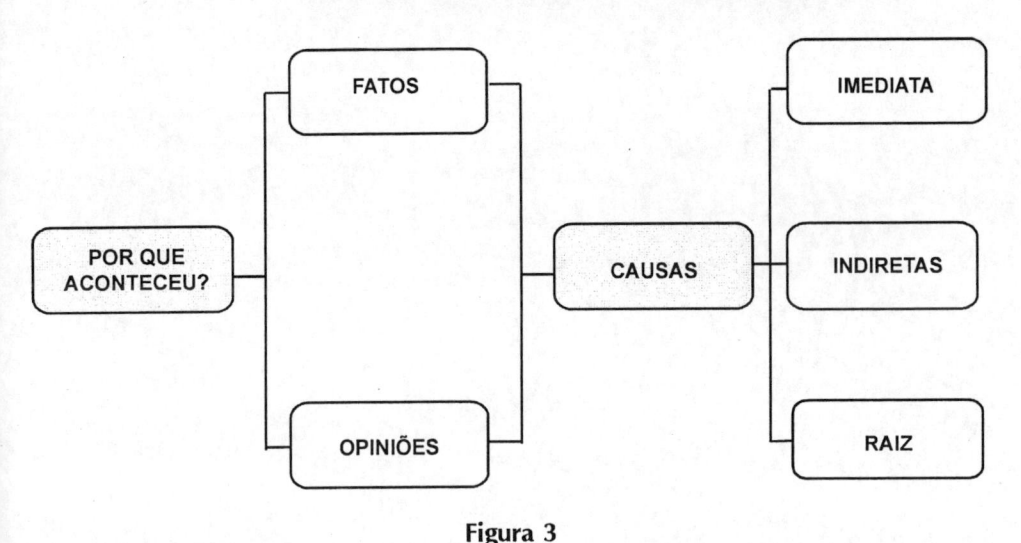

```
                    ┌── FATOS                      ┌── IMEDIATA
POR QUE ACONTECEU? ─┤          ── CAUSAS ──────────┼── INDIRETAS
                    └── OPINIÕES                   └── RAIZ
```

Figura 3

Resumo

A organização das informações de um acidente deve seguir um processo disciplinado e inquisitivo. Raramente contamos com 100% de informações factuais para a investigação de um acidente. O que podemos fazer é testar cada informação disponível contra critérios que demonstrem a robustez dessas informações.

Desta forma, podemos separar aquelas informações que a evidencia demonstrou sendo verdadeiras como fatos. As demais seriam categorizadas como opiniões, sendo que se procuraria fundamentá-las da melhor forma possível. Para tanto, buscar-se-ia o apoio de pessoas especializadas que emitiriam pareceres que sustentariam a inclusão dessas informações no processo de investigação.

Ordenando-se as causas do acidente em imediata, indiretas e raiz dará solidez mais robusta ao processo de investigação.

CAPÍTULO 6

FORMULÁRIO DE INVESTIGAÇÃO

O QUE INCLUIR?

A resposta a essa pergunta depende dos objetivos que foram estabelecidos. Assim, por exemplo:

- Quero melhorar a qualidade de investigação dos acidentes/incidentes?
- Os dados e informações nele contidos me permitem identificar tendências?
- Posso comparar desempenho de diversos departamentos ou seções?
- Seria o formulário útil, como documento suporte para auditoria, tanto interna como externa?

Se as respostas às perguntas acima forem *sim*, então é bem provável que seu formulário está em muito ajudando na consecução dos objetivos.

Alguns cuidados a tomar quanto ao conteúdo e aspecto do formulário, seja ele feito pela primeira vez, seja sendo reformulado:

- Evite colocar dados que você raramente usa: você dilui seu poder de análise;
- Procure dar aspecto agradável ao formato e que seja de fácil leitura;
- Dê preferência a usar ambos lados da folha ao compor o formulário;
- Obtenha parecer de setores que recebam cópias do formulário – certamente você estará interessado em idéias que possam ser aproveitadas!

- Faça uma análise crítica do desempenho de seu formulário, à freqüência desejada, a fim de mantê-lo eficaz frente às necessidades.

Um pouco mais adiante apresentaremos um conjunto de sugestões para serem consideradas em um formulário que dê suporte ao esforço de investigação de acidentes e incidentes.

Tais sugestões deverão ser interpretadas à luz das características de cada empresa. Tanto se podem excluir itens sugeridos como incluir novos itens. Para facilitar, as sugestões estão divididas em seis grandes blocos:

- Bloco 1: Informações gerais;
- Bloco 2: Identificação do acidentado;
- Bloco 3: Detalhes do evento;
- Bloco 4: Causas gerais do evento;
- Bloco 5: Plano de ação;
- Bloco 6: Equipe de investigação e aprovações.

Os dados e informações que virão abaixo de cada bloco serão seqüencialmente numerados a fim de permitir fácil referência, principalmente ao glossário – de alguns termos – que incluirei subseqüentemente às sugestões.

O glossário, embora parcial, se faz útil devido à diferença de interpretação que diferentes empresas dão aos mesmos termos.

Sugestão de dados para um formulário de investigação de acidentes

Bloco 1: Informações Gerais

1. Categoria do evento (acidente ou incidente);
2. Data, local e hora da ocorrência;

3. Equipamento e/ou ferramenta envolvida:
4. Descrição sumária de "o que aconteceu";
5. Testemunhas (se houver).

Bloco 2: Identificação do Acidentado

6. Nome, idade, sexo;
7. Número de registro (na empresa);
8. Endereço (com telefone, se possível);
9. Data de admissão:
10. Função e tempo na função;
11. Último treinamento recebido.

Bloco 3: Detalhes do Evento

12. Acidente do trabalho? Acidente de trajeto? Doença profissional?
13. Partes do corpo afetadas, quantidade e tipos de lesões;
14. Afastamento (especificar data estimada de retorno);
15. Incidente? Derramamento? Início de incêndio? Se outro tipo, descrever com detalhes típicos da ocorrência.

Bloco 4: Causas Gerais do Evento

16. Relação sumária das condições inseguras identificadas;
17. Relação sumária dos atos inseguros cometidos;
18. Descrição dos procedimentos operacionais usados (ou não) pelo(s) envolvido(s);
19. Descrição dos documentos de trabalho usados (ordens escritas, planilha de anotação de dados da operação, "ordens de serviço", "permissão para trabalho" etc.).

20. Relação sumária das evidências que comprovam os dados e informações prestadas pelo acidentado e pelas testemunhas;

21. Relação dos fatos e opiniões sobre as causas do evento;

22. Especificação da causa imediata;

23. Especificação das causas indiretas;

24. Especificação da causa raiz.

Bloco 5: Plano de Ação

25. Especificação de quem faz o que e quando a respeito das ações preventivas e corretivas;

26. Especificação dos intervalos de tempo em que as ações serão acompanhadas quanto ao grau de execução e eficácia;

27. Sumários de quais setores darão apoio a fiel execução do plano de ação.

Bloco 6: Equipe de Investigação e Aprovações

28. Equipe de investigação (líder, membros);

29. Relatório proposto por (função, nome, data);

30. Relatório aprovado por (função, nome, data).

O que significam alguns termos da lista sugerida de dados e informações?

Breve Glossário

(Nota: Os esclarecimentos abaixo pretendem apenas elucidar como certos termos são normalmente usados, sem preocupação de rigorismo técnico e/ou legal.)

• • • Formulário de Investigação

Nº	Termo	Significado
1	Acidente	Evento indesejado e que resulta em ferimentos – ou lesões – a uma ou mais pessoas, podendo ainda causar perdas de materiais, danos à propriedade e ao meio ambiente.
1	Incidente	Evento indesejado – sem lesões a pessoas – podendo causar: (a) danos aos equipamentos, (b) perdas de materiais, (c) agressão ao meio ambiente, (d) perda de imagem empresarial.
7	Nº de registro	Relaciona cada funcionário com um determinado nº, normalmente seqüencial. Tal sistema procura evitar confusões geradas por pessoas que têm o mesmo nome (ou semelhantes).
12	Acidente do trabalho	É o que ocorre enquanto a serviço da empresa, havendo lesões corporais que determinem desde redução temporária das atividades do trabalhador, permanente ou morte.
12	Acidente de trajeto	É aquele que ocorre entre a residência do acidentado e seu local de trabalho, (e vice-versa) qualquer que seja o meio de locomoção (inclusive veículo próprio), desde que não haja interrupção ou alteração de percurso por motivo alheio ao trabalho.
12	Doença profissional	Resulta do tipo de exposição (normalmente a produtos químicos) que o trabalhador tem em seu trabalho e é classificado como acidente do trabalho pela legislação trabalhista.
14	Afastamento	É um determinado nº de dias que o trabalhador é afastado de suas atividades a fim de se recuperar de um acidente.
15	Derramamento	É uma perda de contenção de um produto podendo afetar a segurança, a saúde ou o meio ambiente.
16	Condição insegura	Resulta normalmente da combinação de atos inseguros e/ou de fatores físicos, oferecendo potencial de acidente a uma ou mais pessoas.

Nº	Termo	Significado
17	Ato inseguro	É um ato que expõe seu autor – e/ou outros – a uma situação de risco. Tanto pode ser cometido de forma consciente como inconsciente.
18	Procedimentos operacionais	Instruções escritas que determinam como uma operação – ou atividade – deve ser feita a fim de atingir um certo objetivo (de produção, manutenção, técnico, de laboratório, etc.).
19	Planilha de anotação de dados da operação	Corresponde a anotação disciplinada de informações da atividade sendo executada, por exemplo, "kg/h de matéria-prima X alimentada", "temperatura de entrada no reator", etc. Tal planilha recebe diferentes nomes na indústria, por exemplo, "Controle de Processo", "Controle Operacional", etc..
19	Ordens de serviço	São solicitações que os departamentos "clientes" emitem ao setor de manutenção a fim de se fazer um reparo ou conserto, necessário à continuidade do processo produtivo, por exemplo.
19	Permissão para trabalho	É um documento formal que estabelece as condições de prevenção de acidentes na execução de um trabalho (que pode ser rotineiro) na indústria. Em suma, é uma avaliação de risco do trabalho a ser executado.
21	Fato	É uma condição que a evidência indica ser verdadeira.
21	Opinião	É um parecer emitido sobre certo assunto.
22	Causa imediata	É o objeto – ou elemento – causador da lesão.
23	Causa indireta	É a causa que "ajuda" o acidente a acontecer, não sendo, no entanto, isoladamente responsável por esse acidente.
24	Causa raiz	É a causa que "alimenta" a ocorrência de determinado tipo de acidentes, de forma continuada. A eliminação da causa raiz resolve o problema da recorrência dos acidentes por ela alimentados.

• • • Formulário de Investigação

Resumo

Um formulário é uma ferramenta! Terá que ser útil aos objetivos que você estabeleceu. Desta forma, convém verificar sua eficácia ao longo do tempo, pois a dinâmica das coisas pode torná-lo parcialmente obsoleto. Convém ainda convidar outros setores a opinar sobre a contribuição – ou não – que o formulário está dando à organização.

Vale a pena dar um aspecto agradável ao seu formulário – a leitura fica mais atrativa e convidará as consultas mais freqüentes.

O formulário poderá ainda –se bem estruturado – dar forte suporte a auditorias, tanto internas como externas.

CAPÍTULO 7

ÁRVORE DE FALHAS

Qual a Melhor Ferramenta?

Muitas vezes, nos defrontamos com essa pergunta quando desejamos fazer algo mais elaborado, não é mesmo?

Não constitui surpresa alguma quando temos um trabalho pela frente que exige ferramentas manuais. Normalmente, a natureza do trabalho determina o melhor tipo de ferramenta a ser usada e inclui não somente o trabalho em si, mas também as condições físicas em que tem que ser feito.

Exemplos mais comuns podem ser: "chave-de-fenda" com haste mais longa, para acessar parafuso embutido a uma certa distância, martelo de bola de borracha dura, a fim de preservar a integridade do meio em que ele será empregado etc.

A palavra-chave é aplicação. A aplicação – incluindo-se as condições que envolvem a aplicação – usualmente determina a melhor técnica a ser empregada.

Com investigação de acidentes ocorre o mesmo – algumas vezes, temos de recorrer a outras técnicas de investigação de acidentes devido ao tipo e circunstâncias do acidente em questão.

Já vimos como estabelecer as causas de um acidente, categorizá-las em três grupos distintos, não esquecendo que o objetivo central é identificar a causa raiz. A técnica que exploraremos a seguir – da árvore de falhas – poderá ser útil em pelo menos dois casos:

- Como confirmação das conclusões obtidas com a técnica das três causas (acima mencionadas);

- Em casos em que se deseja conhecer mais profundamente como as diferentes causas se relacionaram para determinar a ocorrência do acidente. Tal relacionamento é mostrado em forma gráfica, o que ajuda na visualização global do evento.

Marcando o terreno?

Antes de prosseguirmos, convém delimitarmos o terreno onde vamos entrar. Tal iniciativa se prende aos seguintes motivos:

- O objetivo central agora é apenas introduzir o conceito de uma técnica;
- A extensão dos conceitos da árvore de falhas se limitará a abordar casos rotineiros, com número limitado de causas;
- A necessidade de se adotarem convenções simples na elaboração da árvore a fim de facilitar não só o entendimento, mas principalmente sua aplicação rotineira, sempre que necessário for.

Fica desde já registrado que as liberdades conceituais tomadas são de inteira responsabilidade do autor.

Afinal, o que vem a ser uma árvore de falhas?

Uma árvore de falhas é uma representação gráfica que mostra quais fatores/situações determinaram o acidente a ocorrer. Tanto podemos construir uma árvore de falhas para analisar um acidente **já acontecido** como para identificar que causas poderiam fazer com que um acidente **viesse a acontecer.**

Nos exemplos que usaremos, assumiremos que os eventos já tenham acontecido – em outras palavras, estaremos fazendo uma investigação, tentando chegar a uma causa raiz a partir das causas inter-relacionadas.

••• Árvore de Falhas

Representação gráfica?

O leitor há de se recordar que no capítulo 3, quando vimos "causas dos acidentes e incidentes", em que usamos o ditado popular "muitos caminhos levam a Roma" para denotarmos que podem existir diferentes maneiras pelas quais os eventos se combinam para levar ao evento final, o acidente.

Será útil para nós dizermos agora que um acidente acontece porque outros eventos **antes** dele ocorreram. Tendo então em conta a palavra-chave evento, as seguintes convenções são definidas:

- Um **retângulo** representará um evento (ou uma situação que resultou de evento anterior);
- **Conector "E"** unirá **eventos que têm que acontecer juntos** para que o evento a que se ligam aconteça;
- **Conector "OU"** unirá **eventos os quais, isoladamente,** poderiam causar o evento a que se ligam.

Um exemplo corriqueiro esclarecerá: digamos que nossa cozinheira se queimou com água quente na cozinha. Ao tentar apanhar a chaleira no fogão, ela o fez de forma atabalhoada, vindo a derramar um pouco de água quente em seu braço.

Nessas condições, teríamos:

Retângulo, representativo do evento final:

> **Queimadura no braço, com água quente, ao apanhar chaleira no fogão**

Conector "E", representando a ligação de todos os eventos que **têm de acontecer juntos** para que o evento final se realize:

```
                    ┌─────────────────────────┐
                    │ Queimadura no braço,    │
                    │ com água quente, ao     │
                    │ apanhar chaleira no     │
                    └───────────┬─────────────┘
                                │
                            ╭───┴───╮
                            │   E   │
                            ╰───┬───╯
            ┌───────────────────┼───────────────────┐
┌───────────┴──────┐  ┌─────────┴─────────┐  ┌──────┴──────────┐
│ Água fervente    │  │ Apanhando a       │  │ Mãos e braços   │
│ no fogão         │  │ chaleira de modo  │  │ sem luvas       │
│                  │  │ inadequado        │  │                 │
└──────────────────┘  └───────────────────┘  └─────────────────┘
```

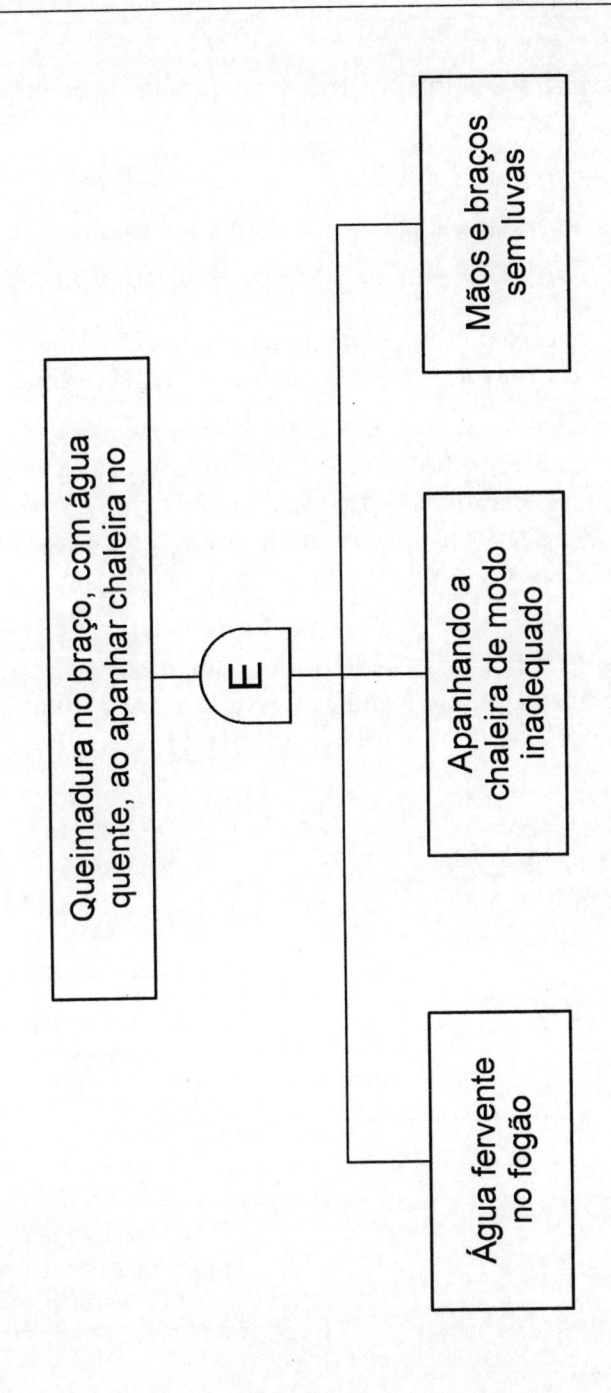

••• Árvore de Falhas

Conforme vimos acima, os três eventos têm de acontecer juntos para que haja acidente:

- Água quente no fogão;
- Ato de apanhar a chaleira (de forma inadequada); e
- Não há proteção – mãos e braços estão desprotegidos.

Estamos vendo o uso do retângulo para denotar também os eventos que antecederam o evento final, e que estão acima indicados.

Outra forma de se referir ao conector "E" é que "a saída do conector" "E" (para o evento final) existe, se existem todas as entradas (dos eventos que antecederam o evento final), no caso, os três eventos acima indicados. Dizer que "todas as entradas existem" equivale a dizer que os eventos envolvidos têm que acontecer em conjunto para que o evento final se realize.

Conector "OU" ligará eventos que, **isoladamente**, podem fazer com que o evento a que se ligam aconteça (ou que a situação definida exista). Veja um exemplo, ainda decorrente da nossa árvore acima:

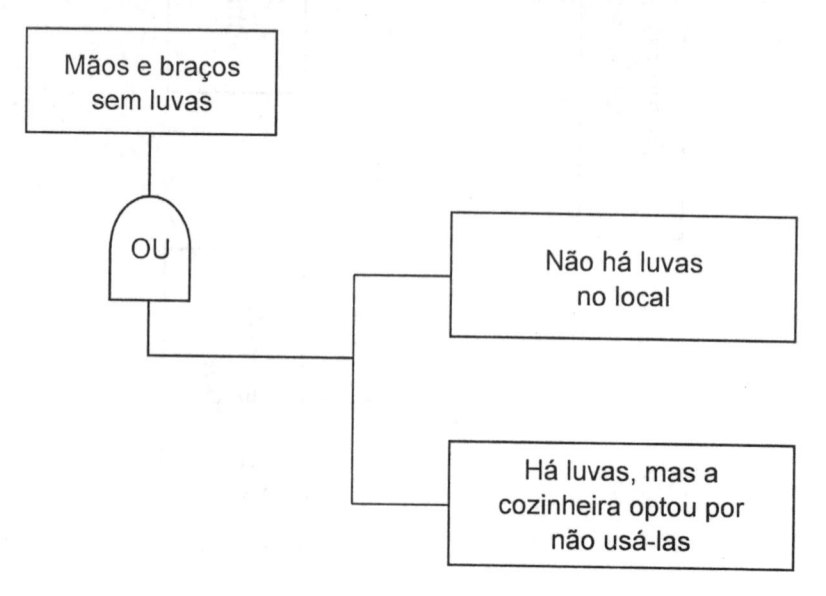

```
┌─────────────────┐
│  Mãos e braços  │
│    sem luvas    │
└────────┬────────┘
         │
        ╭┴╮
       ╱OU ╲
      ╱─────╲───────────┐
                        │
              ┌─────────┴──────────┐
              │    Não há luvas    │
              │      no local      │
              └────────────────────┘
              
              ┌────────────────────┐
              │  Há luvas, mas a   │
              │ cozinheira optou por│
              │    não usá-las     │
              └────────────────────┘
```

Pode-se argumentar que existem eventos adicionais: há luvas, mas não são adequadas (estavam furadas, eram "curtas" etc.). O ponto fundamental é identificar aqueles eventos ou situações, para o caso do conector "OU", que **isoladamente** possam fazer com que o evento a que se liguem aconteça. É o que o exemplo acima procurou demonstrar.

Passando-se agora para um outro ramo da árvore, "apanhando a chaleira de modo inadequado" – qualquer um dos eventos seguintes poderia determinar a maneira pela qual a chaleira foi apanhada:

- "A cozinheira estava com pressa";
- "A cozinheira estava com a mão molhada" (ou com óleo de cozinha);
- "A cozinheira é normalmente desatenta" etc..

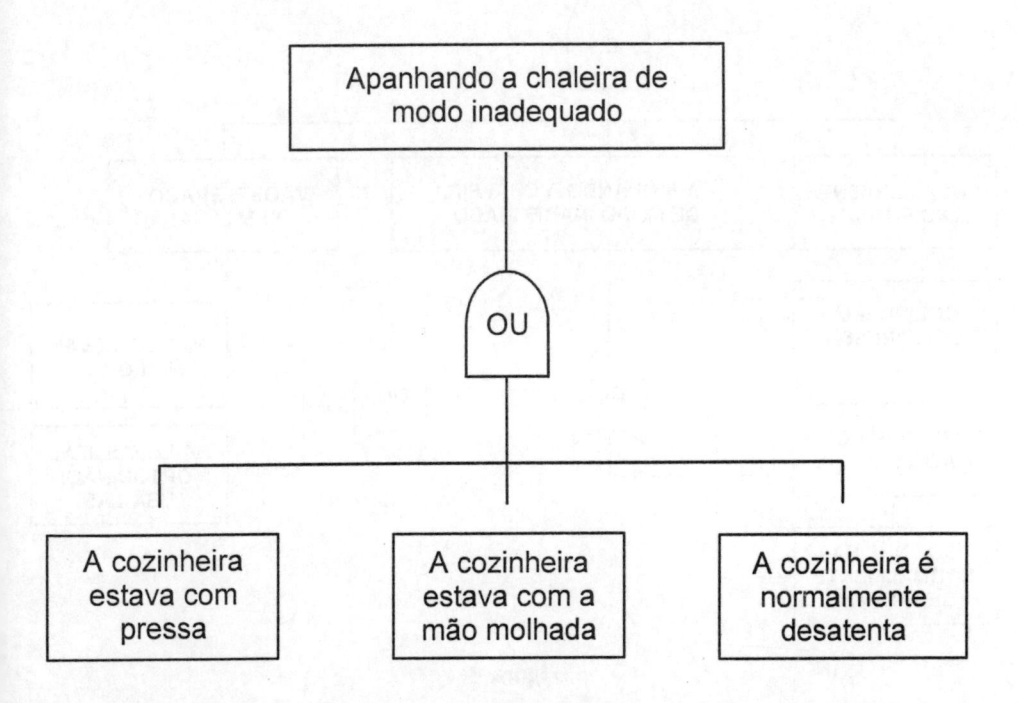

```
          ┌──────────────────────┐
          │ Apanhando a chaleira │
          │   de modo inadequado │
          └──────────┬───────────┘
                     │
                    ╱OU╲
        ┌────────────┼────────────┐
        │            │            │
┌───────────┐ ┌───────────┐ ┌───────────┐
│A cozinheira│ │A cozinheira│ │A cozinheira│
│ estava com │ │ estava com │ │ é normal-  │
│   pressa   │ │  a mão     │ │   mente    │
│            │ │  molhada   │ │  desatenta │
└───────────┘ └───────────┘ └───────────┘
```

••• Árvore de Falhas

Quanto ao terceiro evento, "água fervente no fogão", não há necessidade de identificar que outros "subeventos" poderiam tê-lo gerados, já que é de natureza básica, inicial (a não ser que existam motivos que justifiquem investigação dos eventos anteriores a ele).

Completando agora o quadro, teríamos:

ÁRVORE DE FALHAS "CASO QUEIMADURA"

```
                    ┌─────────────────────────────────────┐
                    │ QUEIMADURA NO BRAÇO, COM ÁGUA QUENTE,│
                    │   AO APANHAR CHALEIRA NO FOGÃO      │
                    └─────────────────────────────────────┘
                                    │
                                  ( E )
                                    │
        ┌───────────────────────────┼───────────────────────────┐
        │                           │                           │
┌───────────────┐       ┌───────────────────────┐       ┌───────────────┐
│ ÁGUA FERVENTE │       │ APANHANDO A CHALEIRA  │       │ MÃOS E BRAÇOS │
│   NO FOGÃO    │       │  DE MODO INADEQUADO   │       │   SEM LUVAS   │
└───────────────┘       └───────────────────────┘       └───────────────┘
                                    │                           │
┌───────────────┐                ( OU )                      ( OU )
│  COZINHEIRA   │                                                │
│  COM PRESSA   │──────────────────┤                             ├──── ┌───────────────┐
└───────────────┘                  │                             │     │ NÃO HÁ LUVAS  │
                                   │                             │     │   NO LOCAL    │
┌───────────────┐                  │                             │     └───────────────┘
│ COZINHEIRA COM│                  │                             │
│  MÃO MOLHADA  │──────────────────┤                             ├──── ┌───────────────┐
└───────────────┘                  │                             │     │ HÁ LUVAS, MAS │
                                   │                                   │  OPTOU NÃO    │
┌───────────────┐                  │                                   │   USÁ-LAS     │
│  COZINHEIRA   │                  │                                   └───────────────┘
│  NORMALMENTE  │──────────────────┘
│   DESATENTA   │
└───────────────┘
```

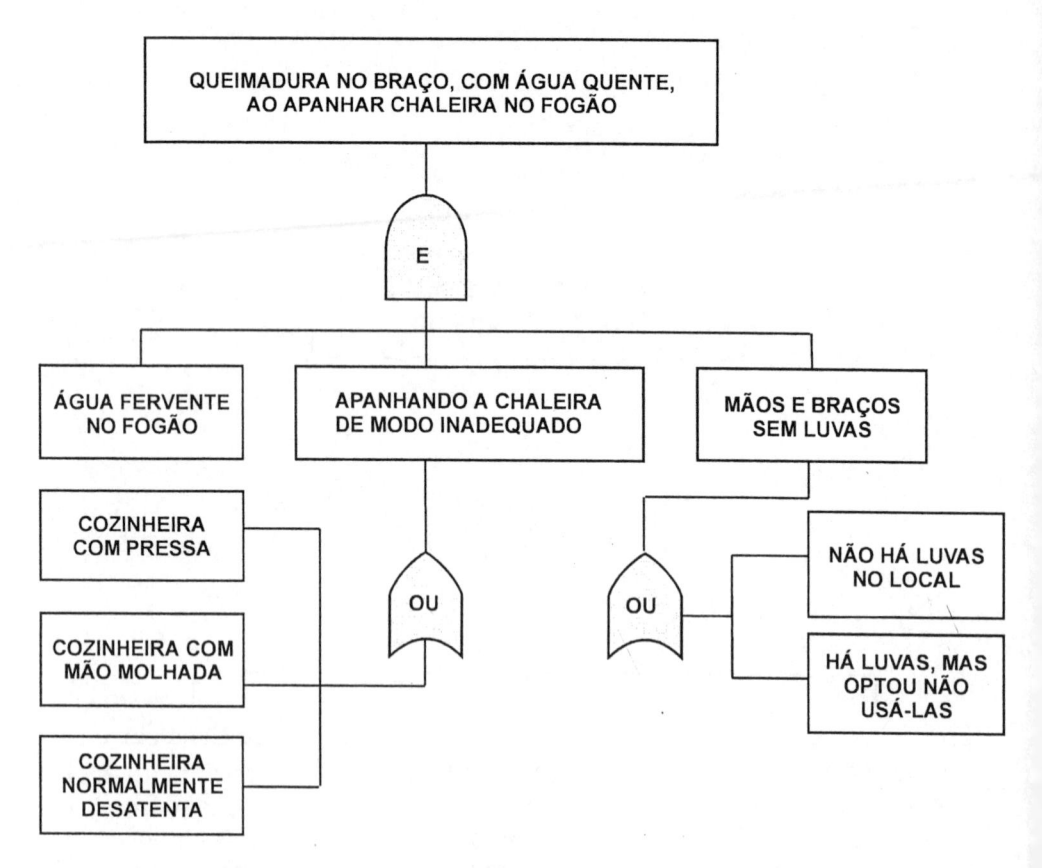

Figura 4

Bem, e agora?

A árvore de falhas, como está cima, já nos permite abordar os seguintes pontos:

- As atividades da cozinheira são rotineiras, comuns em qualquer lar;
- A investigação, em mais detalhes, verificou que a cozinheira não só estava com pressa, como também tinha suas mãos escorregadias (água, óleo etc.);
- Além disso, confirmou-se que ela é, de fato, desatenta;
- Havia luvas disponíveis, porém ela optou por não usá-las.

Causa raiz?

Sistema inseguro de trabalho, porque:

- Não houve qualquer iniciativa quanto à prevenção dos riscos rotineiros existentes na cozinha;
- Não houve critério de seleção quanto às características que a cozinheira deveria apresentar, a fim de executar um trabalho seguro, de forma rotineira;
- Não houve treinamento da cozinheira quanto ao uso das proteções disponíveis na cozinha (luvas, avental, etc.) – o fato de a cozinheira optar por não usar as luvas disponíveis mostra que ela não interpreta os riscos usuais (da atividade de cozinhar) como sendo algo a ser levado seriamente em conta;
- A gerência (a dona-de-casa), responsável por assegurar operação segura em seu próprio lar, negligenciou suas responsabilidades de direcionamento de trabalho seguro na cozinha.

• • • Árvore de Falhas

Mas o que é que acabamos de fazer?

Acabamos de estabelecer uma causa raiz para esse acidente. A análise dos eventos que precederam o evento principal – o próprio acidente – nos ajudou em nossas conclusões.

Como dissemos anteriormente, uma causa raiz pode alimentar a ocorrência de diversas situações – e que serão diferentes entre si – podendo resultar em acidentes. Dessa forma, se a causa raiz acima for resolvida, é de se esperar que haja uma redução significativa dos acidentes na cozinha, do tipo analisado e de outros também.

Aqui se depreende também o impacto econômico que pode oferecer um sistema seguro de trabalho – as perdas serão em muito reduzidas (pela redução das perdas de matérias-primas – verduras, carne etc.) e pela produtividade que certamente se ganhará (mais comida em menos tempo, permitindo à cozinheira fazer outras tarefas, como arrumar os quartos etc.).

Vantagem gráfica?

Talvez o leitor concorde que haja uma vantagem desse sistema comparado com outros sistemas – a representação gráfica das causas nos faz olhar o conjunto de todos os fatores praticamente de uma só vez e, provavelmente, facilite processo de estabelecer qual seria a causa raiz, baseado na natureza dos eventos que precederam o evento principal.

E como fica o sistema das três grandes causas?

O acidente da cozinheira, sendo analisado pelo sistema das três grandes causas, apontaria:

- Causa imediata: água quente;
- Causas indiretas: (a) mãos escorregadias, (b) pressa, (c) desatenção habitual, (d) falta de proteção (luvas), (e) falta de treinamento;
- Causa raiz: sistema inseguro de trabalho.

Causa imediata: água quente?

Mas eu não posso "reprojetar", "modificar", "substituir" água quente!

Concordo. Porém a simples informação quanto aos acidentes que aconteçam com água quente já é valiosa. Permite reforçar pontos como:

- Equipamentos de proteção individual necessários;
- Treinamento no uso desses equipamentos;
- Modificação nos métodos de trabalho, na cozinha, a fim de reduzir a incidência de acidentes com água quente ("organizar" melhor o trabalho na cozinha, por exemplo, fazendo uso mais freqüente de torneiras de água quente etc.).

E as causas indiretas?

Chega-se às causas indiretas pela investigação, tanto pelo relato da própria acidentada como de eventuais testemunhas. Analisa-se o passado recente frente aos acontecimentos do presente. Estabelecem-se relações de causa e efeito, fazendo-se uma lista extensiva de todos os fatores que poderiam ter contribuído para que o acidente acontecesse. Checam-se os dados e informações, testam-se as evidências. Esse é o caminho usualmente percorrido pelos investigadores.

E a causa raiz, como chego nela pelo sistema das três causas?

Um procedimento que ajuda a chegar à causa raiz é, para cada evento ou situação criada e que combinadamente determinou o acidente a ocorrer, perguntar **por quê?**

Por que a cozinheira não estava usando luvas?
Porque estava com pressa e "não sabia onde as havia colocado na última vez";

- Por que a cozinheira estava com pressa?
  Porque sua patroa a estava "apurando" pelo horário, frente a múltiplas outras tarefas a cumprir;
- Por que a cozinheira não sabia onde estavam as luvas?
  Porque ela, a cozinheira, mostra evidências de ser desorganizada;
- Por que a cozinheira estava com as mãos escorregadias?
  Porque ela não usa a prática de limpar e secar as mãos entre tarefas;
- Por que a cozinheira apanhou a chaleira de modo inadequado?
  Porque a observação demonstrou que ela não coloca a atenção que cada tarefa exige no momento apropriado;
- Por que a patroa estava "apurando" a cozinheira?
  Porque a investigação mostra que a quantidade de tarefas que a patroa quer atribuir à cozinheira não é realista e em muito excede às capacidades e aptidões da cozinheira;
- Por que....
  Porque...

Ponto final?

Chega um ponto em que não se consegue mais responder às perguntas. Provavelmente já estaremos em território da causa raiz. No caso que acabamos de discutir, podemos com realismo dizer que se trata de um sistema inseguro de trabalho, já que todas as respostas convergem para essa afirmação.

Reconciliando as diferenças entre os dois métodos

O objetivo central de uma investigação é chegar até a causa raiz!

Se você chega até ela por caminhos distintos, qual é o problema? Aqui o fim justifica os meios. Se a causa raiz foi identificada e as ações correspondentes forem resolutamente tomadas, o sucesso será apenas uma questão de tempo.

Lembrando aqui que tempo significa não só imediato prazo, como também em médio e longo prazos. Determinação e disciplina são ingredientes que não se podem dispensar para tal, não é mesmo?

Resumo

A árvore de falhas é uma representação gráfica que mostra como diversos eventos se relacionaram para causar um determinado efeito (acidente). A abordagem envolve estabelecer o evento final, ou seja, o acidente ocorrido como ponto de partida. A seguir, se definem quais eventos imediatamente anteriores houve e que deram origem ao evento final. Tais eventos podem ser ligados por "conectores" E – que têm de ocorrer juntos a fim de que o evento a que ligam aconteça – ou por conectores OU. Os conectores OU podem, isoladamente, causar o evento a que se ligam a ocorrer. A análise do conjunto de situações demonstrada pela árvore permite estabelecer uma causa raiz, que explicaria além do acidente em questão, outros semelhantes.

O objetivo central de uma investigação é chegar a uma causa raiz – se você chega até ela por outros meios, seu objetivo foi atingido. Não há problema então quando dois métodos se diferem entre si quanto ao caminho que percorrem para chegar à causa raiz.

CAPÍTULO 8

TOQUE DE RECOLHER

Pontas Soltas em uma Investigação?

Um acidente já traz em si transtorno, não só para o acidentado como também para a organização. O processo rotineiro de trabalho – qualquer que seja – é substituído por outras ações, as quais normalmente não são adiáveis e têm de ser feitas, completadas muitas vezes em prazos exíguos.

Para os casos de acidentes graves, com significativas conseqüências adversas, as ações necessárias incluem (lembrando que é necessário seguir o procedimento específico da empresa, se for o caso):

- Cuidar do acidentado, com urgência e eficácia;
- Informar corpo gerencial do local;
- Informar corpo gerencial do país (se for o caso);
- Informar matriz no exterior (idem);
- Informar autoridades;
- Informar Imprensa (se for o caso);
- Informar outras organizações (fornecedores, clientes etc.), conforme seja a natureza do acidente;
- Planejar a investigação – quem será o líder? Quem serão os membros? Testemunhas? Onde se reunirá a equipe? Recursos necessários? (filmadoras, máquinas fotográficas etc.);
- Técnica de investigação mais apropriada ao caso? Coletar dados sobre o acidente (local exato, circunstâncias etc.);

- Necessidade de consultas a especialistas (sejam de universidades, de órgãos do governo, seja de consultorias);
- Medidas de contenção;
- Etc.

Medidas de contenção?

"Toque de Recolher"...
como interpretar o título deste capítulo?

"Toque de Recolher" tem mais de um significado, é lógico. O que queremos ressaltar aqui é a necessidade imediata de "reagrupar", "reavaliar", "redirecionar", que é o que uma tropa faz quando encontra uma dificuldade que justifique rapidamente "recolher" seus integrantes a fim de decidir mudança de tática, de ação. É o que passaremos a explorar no caso de um acidente de maior seriedade.

O custo de se negligenciar as medidas de contenção relativas a um acidente poderão ser indescritíveis, destacando-se aquela que envolve a imagem – e portanto a reputação – da empresa.

Contenção aqui significa exatamente o que a palavra quer dizer: **conter**.

Conter o quê? Conter, evitar que outros acidentes iguais – ou semelhantes – possam acontecer logo em seguida ao primeiro, enquanto se tomam todas as medidas práticas iniciais de investigação do acidente. Mas que outros acidentes poderiam ocorrer? Exemplos?

Algumas situações corriqueiras – e outras não – poderiam ser:

- Contador, de grande empresa, fratura perna ao cair em um corredor que une a Contabilidade à Controladoria. O piso estava molhado no momento do acidente e existem outros corredores semelhantes na empresa.

Medidas de contenção:

★ verificações imediatas da condição dos demais corredores – se estão lisos ou não e destacar pessoas para alertar transeuntes, se justificado;

★ colocação de avisos de "cuidado – piso liso" em áreas mais críticas, se for o caso;

★ determinar a razão pela qual o piso se encontrava molhado e tomar as ações de proteção mais imediatas etc.

- Um tipo de luminária pesada, em edifício sede de uma empresa, cai e fere seriamente um importante cliente.

Medidas de contenção:

★ confirmação imediata que **todas** as luminárias (do mesmo tipo e outras) estão firmemente ancoradas e presas; ou

★ isolamento imediato das áreas situadas diretamente abaixo das luminárias (para evitar expor transeuntes à trajetória de queda de uma luminária); ou

★ retirada imediata de todas as luminárias até término completo da investigação e aguardando as recomendações preventivas e corretivas que o caso requer etc.

- Um defeito de fabricação se manifesta em uma peça importante de um veículo de passageiros e diversos acidentes são atribuídos a esse defeito.

Medidas de contenção:

★ alerta imediato, através dos meios de comunicação, quanto a cuidados que os proprietários dos veículos podem tomar a fim de evitar conseqüências mais sérias;

* "recall" de todos os veículos que contenham esse tipo de peça a fim de substituí-la antes que outros acidentes semelhantes ocorram;

* suspensão imediata de uso da peça defeituosa em outros veículos etc.

Mas só para acidentes graves?

Lógico que não! As medidas de contenção devem ser tomadas após qualquer acidente que tenha ocorrido, conquanto haja indicação que um evento igual ou semelhante possa ocorrer em seguida.

Seria embaraçoso ter de relatar dois acidentes, exatamente do mesmo tipo e com diferença de horas (ou minutos!), à diretoria da empresa, não é mesmo?

Uma avaliação no local do acidente poderá alertar os investigadores quanto às medidas de contenção aplicáveis.

Derivando a contenção para outros aspectos

Muitas vezes, não se preserva, adequadamente, a cena do acidente, perdendo-se com isso a oportunidade de identificar pistas valiosas que em muito ajudariam no processo de investigação.

Sempre que possível, aja rápido e isole a área do evento, não permitindo alteração dos componentes da cena. Agindo dessa forma, você estará **contendo** a cena do acidente e tornando mais informativa uma eventual reconstituição do evento.

Conforme foi dito anteriormente, a simples presença dos investigadores na cena do evento pode alertá-los para *outros acidentes potenciais naquele setor* e que não se relacionam, nem dependem, das condições que envolvem o acidente investigado.

Resumo

Medidas de contenção visam a conter, impedir que outros acidentes, iguais ou semelhantes ao primeiro, aconteçam.

Seria não só doloroso para as pessoas eventualmente atingidas, como também extremamente embaraçoso para a empresa.

O comparecimento mais imediato possível à cena do evento pode alertar, com mais detalhes, o tipo e intensidade das medidas de contenção a serem tomadas.

As medidas de contenção devem ser tomadas não só para acidentes considerados graves, como também para outros menos graves. Ao se adotar um processo disciplinado para os casos mais simples, prepara-se o caminho para um desempenho mais rápido e eficaz nos casos mais sérios.

CAPÍTULO 9

CLASSIFICANDO ACIDENTES

Por Que Classificar?

"Recursos limitados"..."Só existem 24 horas em um dia"..."O que ataco primeiro"?... Há sempre mais coisas a fazer – frente ao que podemos realizar – e parece que sempre estamos "devendo".

Classificar eventos que já aconteceram pode nos ajudar a montar um plano de ação que nos permita enfrentar os problemas acumulados dentro de um critério de prioridades.

Além de permitir desenvolver um critério de prioridades, um sistema de classificação ajudará no processo de entendermos melhor a distribuição dos eventos e, quem sabe, os mecanismos que os sustentam.

Classificação de acidentes

O sistema que resumidamente se apresenta a seguir, à guisa de exemplo, visa apenas a ilustrar sua aplicação na prática do dia-a-dia. Caso o leitor assim o deseje, poderá passar diretamente ao subtítulo "tabelando", o qual aborda a taxa de freqüência dos acidentes segundo a classificação da legislação brasileira (acidentes com e sem afastamento).

Um sistema que se usa na indústria[1] é classificar acidentes segundo o grau da lesão sofrida. Uma distribuição típica e de gravidade crescente seria:

---

[1] Grupo ICI (Imperial Chemicals Industry), com sede na Inglaterra e que atua em diversos países, inclusive no Brasil (Tintas Coral Ltda.).

- Acidente "leve" (ou "menor")

  O acidente é de natureza superficial, permitindo ao acidentado retornar ao seu trabalho em seguida, não interferindo na execução de suas atividades normais. Tipicamente, um acidente leve envolve apenas limpeza e desinfecção (pequenos arranhões, cortes que não requerem pontos, pequenos hematomas etc.). Tipicamente, acidentes leves são atendidos por enfermeiros (as) do trabalho e/ou socorristas.

- Acidente "classificado"

  Aqui se classifica o acidente segundo a natureza da lesão e requer atendimento médico, seja em enfermarias da própria empresa, seja em hospitais/pronto-socorros:

  ★ "queimadura química" (causada por produtos químicos);

  ★ "queimadura física" (causada por agentes térmicos, como, por exemplo, vapor de água de caldeira);

  ★ "cortes" (que requerem pontos, causados por objetos/superfícies cortantes);

  ★ "fraturas";

  ★ "lacerações";

  ★ etc.

- Acidente "grave" (ou "maior")

  Um acidente grave – ou "maior" – normalmente envolve hospitalização, por mais de 24 horas, e pode refletir desde fraturas, queimaduras químicas ou físicas até perda de consciência, qualquer que seja o motivo.

- Fatalidade

  Quando o acidentado tem lesões fatais, como resultado de suas atividades a serviço da empresa, de imediato ou posteriormente (como conseqüência direta dessas atividades), o acidente é classificado como "morte" ou "fatal".

Os acidentes "classificados" podem se bifurcar em duas outras grandes classes:

- "Sem afastamento"

    Quando o acidentado não perde um ou mais turnos (ou dias, conforme o tipo de vínculo com a empresa) de trabalho, podendo executar parte de suas funções habituais. É comum dizer-se, nesses casos, que se trata de um caso de "atividade restrita".

    Os acidentes sem afastamento incluem todos os acidentes "leves" (ou menores), assim como pode conter parte dos acidentes classificados.

- "Com afastamento"

    Quando o acidentado, qualquer que tenha sido a natureza de sua lesão, não pode retornar às suas funções normais no seu próximo turno de trabalho. Essa é a definição de valor legal no Brasil (e em muitos países também).

    Aqui teríamos todos os casos considerados "graves": fraturas, queimaduras extensas, casos de esforço repetitivo – LER – "lesão de esforço repetitivo", casos de "coluna" (quando certos esforços fazem com que o acidentado desenvolva lesões em sua coluna vertebral etc.).

Uma palavra de cautela

O sistema de classificação de acidentes acima apresentado, de forma muito resumida, pretende apenas dar um exemplo de como os acidentes podem ser categorizados. O que se quer estimular é que cada organização *crie* seu próprio sistema, que atenda às suas particularidades e que lhe são próprias. Se o sistema adotado dá informações que permitem ações corretivas e preventivas, então o sistema está cumprindo sua função.

Tabelando

Qualquer que seja o sistema sendo usado para classificação de acidentes, é altamente recomendável acompanhar a evolução dos acidentes por uma tabela. Uma tal tabela poderá propiciar diferentes tipos de análises, como, por exemplo:

- Número e tipo de acidentes que estão acontecendo;
- Quais seções têm melhor desempenho;
- Como o desempenho global está frente aos objetivos da empresa;
- Como o desempenho da empresa se compara com aquele considerado melhor da indústria ("benchmarking" – ou seja, comparando com o melhor "do ramo");
- Quais medidas – ou programas – estão oferecendo melhor suporte à redução e prevenção dos acidentes;
- Etc.

Caso ilustrativo

Suponhamos o caso de uma empresa que tenha, para cinco de suas seções, a seguinte distribuição de acidentes ao longo de um ano:

Seção	Acidentes (Com/Sem Afastamento)	Horas Trabalhadas no Ano
A	18	56.000
B	15	26.000
C	12	38.800
D	25	48.900
E	4	94.300
Total	74	264.000

• • • Classificando Acidentes

Para fazermos o gráfico, vamos primeiramente transformar os números que representam os acidentes em índices. Para tanto, basta dividirmos o número de acidentes ocorridos no período pelo número de horas trabalhadas nesse mesmo período e multiplicarmos o resultado por um milhão (constante determinada pelo Ministério do Trabalho e que permite comparar o índice com outras empresas). O cálculo em seguida dá mais detalhes:

1º passo (escrever a fórmula): $I_f = (N \times 1.000.000)/h\text{-}h$

Onde,

I_f = Índice de freqüência;
N = Número de acidentes incorridos;
h-h = horas-homem trabalhadas.

Fazendo-se o cálculo para toda a empresa e para a seção A, teremos:

$$I_f = \frac{74 \times 1.000.000}{264.000}, \quad I_f = 280,30 \quad e,$$

para a seção ao A: $I_f = \dfrac{18 \times 1.000.000}{56.000} = 321,43$

Completando-se todos os cálculos para as outras seções (tomando o cuidado de considerar o número de acidentes de cada seção e o respectivo número de horas-homem trabalhadas), vamos ter:

Seções	Nº Acidentes	Horas Trabalhadas	Índice de Freqüência
A	18	56.000	321,43
B	15	26.000	576,92
C	12	38.800	309,28
D	25	48.900	511,25
E	4	94.300	42,42
Empresa	74	264.000	280,30

Da tabela para o gráfico

Colocando os índices de freqüência das seções em um gráfico de barras teríamos:

ACIDENTES (COM E SEM AFASTAMENTO)

Seção	Índice de Freqüência
Toda Empresa	74
Seção A	18
Seção B	15
Seção C	12
Seção D	25
Seção E	4

Índice de Freqüência

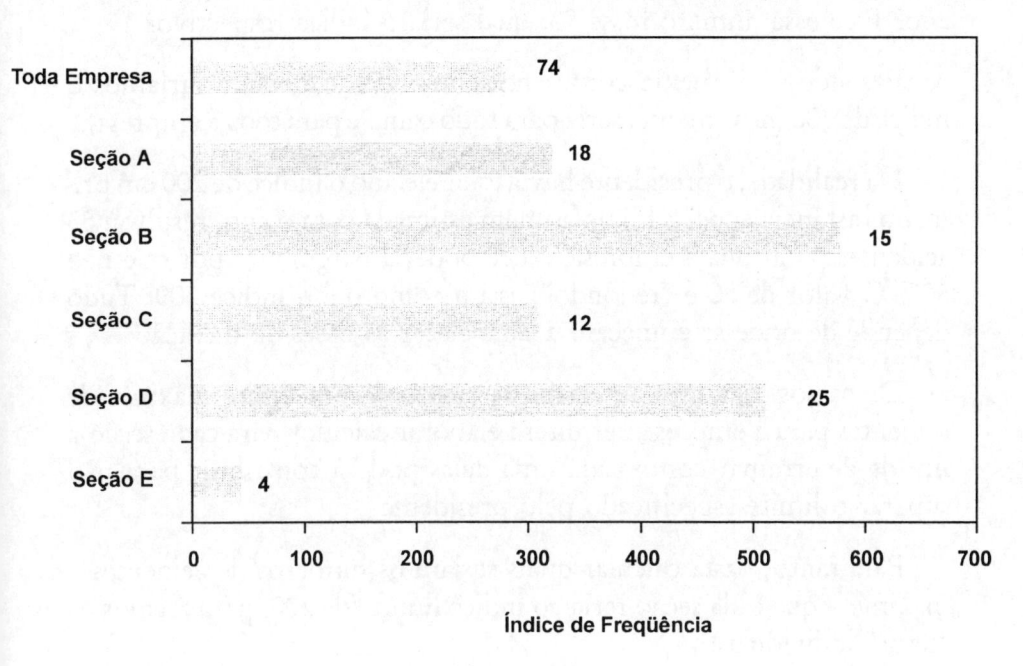

Figura 5

Os números ao final de cada barra representam os acidentes incorridos em cada seção. A leitura do índice de freqüência se fará lendo o valor que está diretamente abaixo do final de cada barra, lido porém no eixo horizontal. Assim, o índice para toda a empresa quase chega a 300, (I_f = 280,30) conforme se vê.

Mas e daí? O que faço com essa informação?

Assim como o gráfico está não nos ajuda muito, não é mesmo? Seria melhor que tivéssemos uma referência, um valor para sabermos como cada seção está desempenhando, e, por conseqüência, toda a empresa. Que tal se o presidente houvesse estabelecido um "teto" (valor limite) para toda a empresa, quanto ao número total de acidentes, para todo o ano? E se esse número fosse 53, qual seria o índice respectivo?

Fazendo-se o cálculo conforme acima fizemos, encontraríamos o índice de 200 (novamente, seria para todo o ano e para toda a empresa).

Na realidade, o presidente havia estabelecido o índice de 200 em primeira instância e, pelas horas-homem estimada para o ano, resultou 53 acidentes para toda a empresa. Você poderia perguntar "por que não 50"? O valor de 50 é "redondo", assim como o é o índice 200. Tudo depende de onde se começam a estabelecer as bases de medição.

Os passos seguintes ao estabelecimento de um limite máximo de acidentes para a empresa permitem elaborar cálculos para cada seção a fim de determinar como cada uma delas poderá contribuir para não superar o limite especificado pelo presidente.

Para tanto, basta calcular quais seriam os números de acidentes – máximo – que cada seção teria ao índice limite (de 200) para termos os "tetos" individuais:

Seção	Horas Trabalhadas	Índice Limite	Número Limite de Acidentes
A	56.000	200	11*
B	26.000	200	5*
C	38.800	200	8*
D	48.900	200	10*
E	94.300	200	19*
Empresa	264.000	200	53*

*Os valores da última coluna foram "arredondados" a partir dos valores encontrados pela aplicação da fórmula. Assim, por exemplo, para a seção A se encontrou o valor 11,2; para a seção C, 7,76, e assim por diante. E por que "arredondar"? Porque não se pode ter 11,2 acidentes – o número terá de ser necessariamente inteiro!

••• Classificando Acidentes

Como ficaria agora o gráfico com o limite estabelecido? Vejamos

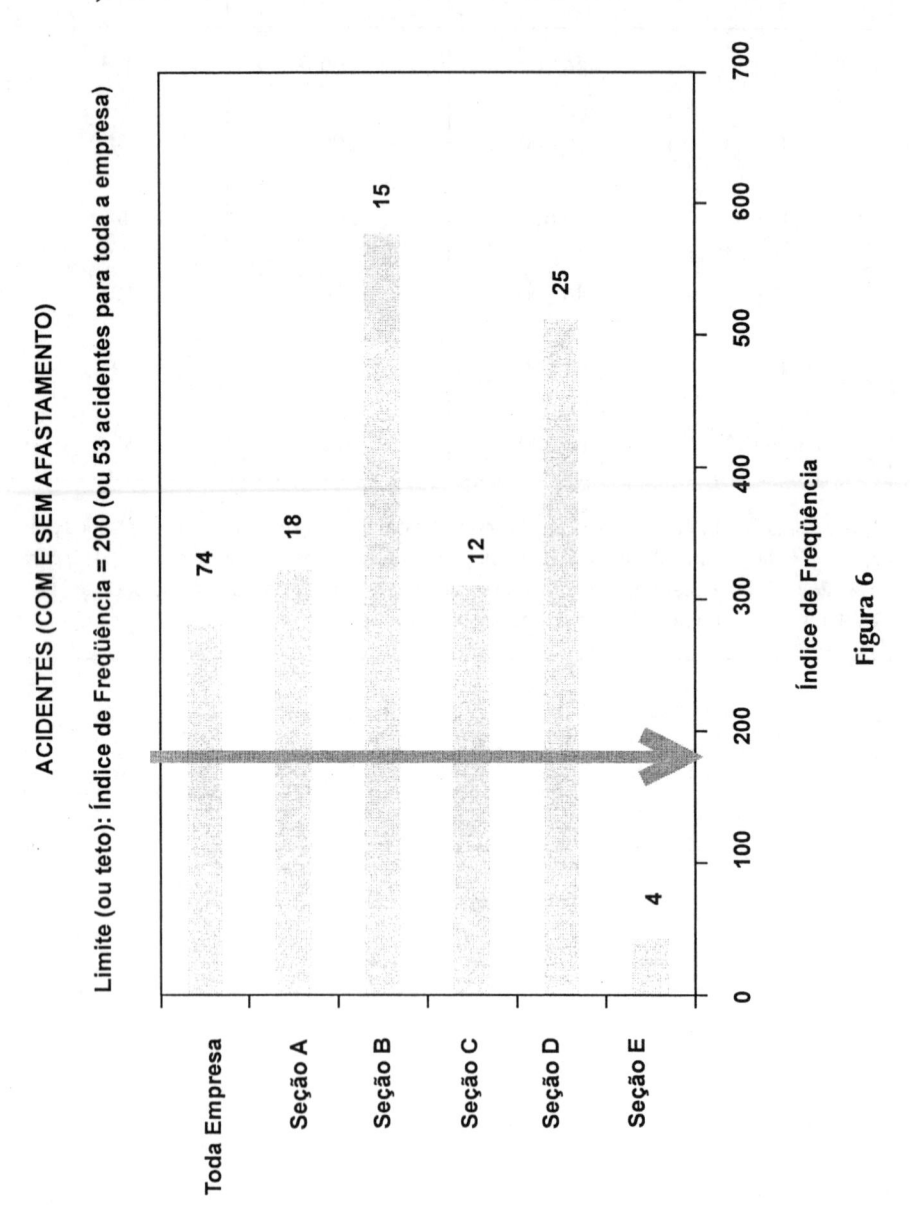

ACIDENTES (COM E SEM AFASTAMENTO)
Limite (ou teto): Índice de Freqüência = 200 (ou 53 acidentes para toda a empresa)

Seção	Índice de Freqüência
Toda Empresa	74
Seção A	18
Seção B	15 (≈580)
Seção C	12
Seção D	25 (≈510)
Seção E	4

Índice de Freqüência

Figura 6

Que outras conclusões são possíveis?

Algumas considerações que podemos fazer são:

* Se todas as seções houvessem terminado o ano exatamente no limite máximo de acidentes estabelecido, o extremo de cada barra mostraria (conforme já vimos) os seguintes valores (em número de acidentes):

Seção A: 11
Seção B: 5
Seção C: 8
Seção D: 10
Seção E: 19

* A soma para a empresa daria 53;
* A seção E teve melhor desempenho: contra um limite de 19 acidentes, teve apenas 4!
* Todas as outras seções mostraram desempenho que contribuíram negativamente para o limite global da empresa – a seta que aponta para o índice 200 mostra isso claramente.

Poderíamos agora construir uma tabela que mostre mais enfaticamente a contribuição – positiva ou negativa – de cada seção da empresa:

Seção	Nº Limite Acidentes Estabelecido	Nº Acidentes Ocorridos	Acidentes "a mais" ou "a menos" em relação ao limite
A	11	18	+7
B	5	15	+10
C	8	12	+4
D	10	25	+15
E	19	4	–15
Empresa	53	74	+21

O destaque vai, sem dúvida, para a seção E!

E o índice de gravidade?

Pode-se argumentar, e com razão, que o índice de freqüência não conta toda a história. O que é correto. Existem outros índices que podem ajudar no processo de avaliação de desempenho de segurança de uma empresa. Um desses é o chamado índice de gravidade, o qual mede a gravidade intrínseca de um acidente pela medida do tempo que um acidentado fica afastado de suas atividades normais.

O cálculo desse índice faz parte das obrigações rotineiras legais que as empresas têm com o Ministério do Trabalho.

Por que não incluí-lo então?

Qualquer índice que meça eventos que já aconteceram só tem valor se mantivermos análise constante de sua evolução e agirmos para atingir valores previamente decididos. É mais produtivo investirmos nossos esforços em eventos que estão acontecendo, sem ainda causar danos e/ou lesões, mas que se não encarados, será apenas uma questão de tempo para que venham a causar prejuízos e sofrimentos às pessoas.

Os atos inseguros, objeto de menção em diversas partes deste livro, estão na base da pirâmide e devem ser enfrentados resolutamente.

Uma vez mais palavras de cautela...

Ao comparar desempenhos de segurança com índices de freqüência, verifique primeiramente qual é a base de comparação usada em cada caso, pois se distinta da sua, a comparação será inválida. Por exemplo: a base determinada pelo Ministério do Trabalho é de um milhão de horas-homem (h-h) trabalhadas. Já a base para o HSE (*Health and Safety Executive*), órgão inglês que trata de assuntos de segurança industrial, é de 100.000 h-h. Já para a OSHA (*Occupational Safety and Health Act*), dos EUA, a base é de 200.000 h-h.

Assim, para o mesmo número de horas trabalhadas por um dado período, e com os mesmos números de acidentes ocorridos, os índices seriam diferentes entre si se as bases forem distintas.

Veja, por exemplo: três fábricas, com um total de 1 milhão de h-h trabalhadas ao ano (corresponde a aproximadamente 500 pessoas) e o número de acidentes em cada uma delas – durante o ano – é 60. Quais seriam os índices?

Caso 1: (base 1.000.000 h-h, "Ministério do Trabalho"):
$I_f = 60/1.000.000 \times 1.000.000 = \mathbf{60}$

Caso 2: (base 100.000 h-h, "HSE"):
$I_f = 60/1.000.000 \times 100.000 = \mathbf{6}$

Caso 3: (base 200.000 h-h, "OSHA"):
$I_f = 60/1.000.000 \times 200.000 = \mathbf{12}$

Óbvio, se as bases forem iguais nos três casos, os respectivos índices também o serão.

E... como saber quando um desempenho é bom?

Com a possibilidade de as organizações usarem diferentes bases para calcular seus índices de freqüência, gera, conforme acima se mostra, **diferentes** índices de freqüência para o mesmo nº de homens-hora trabalhadas e para o mesmo nº de acidentes ocorridos. Isso pode causar alguma confusão na análise.

Vamos estabelecer algumas diretrizes com o intuito de aclarar essa questão, com pelo menos um exemplo real. Antes disso, algumas considerações:

- Um excelente desempenho é **nenhum acidente**. Embora tal afirmação possa parecer quimérica, tal objetivo é perseguido pelas grandes organizações. Faz parte da visão da empresa, e todos seus esforços nessa área giram em torno desse objetivo;

- É fundamental estabelecer-se **um limite**, ou seja, um **teto** que se deve procurar não ultrapassar. Tal limite, sem dúvida, é expresso como um índice de freqüência e cobre normalmente um espaço de tempo pré-definido (normalmente um ano);
- É possível estabelecer índices de freqüência para as diferentes classificações de acidentes: desde acidentes graves – fatalidades, fraturas, queimaduras etc. – até acidentes sem perda de dias trabalhados. A análise nesse caso seria individualizada conforme a classe de acidentes em foco;
- Para se estabelecer limites que sejam realistas e aplicáveis à empresa em questão, convém adotar um procedimento de "benchmarking", isto é, de comparação com os melhores da mesma área de atuação. Se a diferença entre os melhores e sua empresa é muito grande, torna-se necessário montar um programa a longo prazo a fim de dar à sua organização o tempo e recursos necessários para poder reduzir esse diferencial. Conforme mencionado acima, confirme se as bases de medição são as mesmas!

Como um exemplo prático e real de uma grande empresa quanto ao limite por ela estabelecido em termos de índice de freqüência, veja o caso do Grupo ICI (sediado na Inglaterra, com operações no mundo inteiro, inclusive no Brasil).

Essa empresa estabeleceu para o ano 2000 o limite de 0.05 para acidentes chamados "reportáveis" (inclui fatalidades, fraturas e outros acidentes em que há perda de dias de serviço superior a 3 dias).

Quais seriam os números que estão associados com esse índice? Conforme já vimos, são o nº de horas trabalhadas e o nº de acidentes ("reportáveis") ocorridos no período. A ICI tem aproximadamente 45.000 empregados, gerando cerca 90 milhões de horas-homem trabalhadas ao ano. Como o limite especificado é 0.05, podemos calcular quantos acidentes representam o limite que não deve ser superado. Vejamos:

1. A fórmula que calcula o índice é: I_f = (N/h-h) x 100.000. Veja que a base que a ICI adota é de 100.000 horas-homem (ou 10^5 horas-homem);

2. Da fórmula acima extraímos N, o nº de acidentes (no caso, "reportáveis"):

$$N = (0.05 \times 90 \times 10^6)/10^5;$$

3. Donde N = 45.

Veja que tal resultado cobre um ano de operações no mundo inteiro, com cerca de 45.000 pessoas trabalhando em cerca de 200 fábricas em 55 países, produzindo mais do que 50 000 produtos.

Com isso, a ICI tem um parâmetro – no caso I_f inferior ou igual a 0.05 – para julgar se seu I_f real é "bom" ou não. É importante frisar que esse parâmetro é apenas um entre muitos outros, os quais, em conjunto, darão uma apreciação mais completa sobre o desempenho de SHE (*Safety, Health, Environment*), sigla que significa Segurança, Saúde e Meio Ambiente.

Resumo

Um sistema de classificação de acidentes pode ajudar a organização entender não só os tipos de acidentes que estão acontecendo, como também direcionar os esforços de prevenção. Um sistema que se viu baseia-se no tipo de lesão sofrida pelo acidentado. A legislação brasileira prevê duas grandes classes de acidentes: com e sem afastamento. A mensuração do índice de freqüência dos acidentes pode contribuir em confirmar quais setores – ou seções – estão desempenhando melhor em relação a um limite estabelecido pela direção da empresa. O índice de freqüência mede o nº de acidentes por hora trabalhada (dividindo-se o nº de acidentes pelo nº de horas trabalhadas no setor). A legislação brasileira, no entanto, referencia todos os acidentes que ocorrem em relação ao nº padrão de 1.000.000 de horas trabalhadas. Basta então multiplicar o valor anteriormente obtido por este último. Nesse caso, todas as empresas são medidas contra um mesmo padrão, um mesmo patamar: 1.000.000 de horas trabalhadas. É bom lembrar que em diferentes países se usam diferentes bases para se calcular o índice de freqüência de acidentes. É preciso confirmar primeiramente qual base está sendo usada antes de se tentar comparações de desempenho entre diferentes empresas. Muitas multinacionais estabelecidas no Brasil seguem, em controles gerenciais, sistemas de acompanhamento que refletem práticas de suas matrizes. Assim, empresas americanas seguem o padrão OSHA (*Occupational Safety and Health Act* – órgão equivalente ao Ministério do Trabalho no Brasil), que estabelecem 200.000 h-h como padrão. Tal valor tem como base o fato que representa uma população de 100 pessoas trabalhando 2.000 horas por ano. Já empresas do Reino Unido têm como base 100.000 h-h.

CAPÍTULO 10

CLASSIFICANDO INCIDENTES

DIVIDIR PARA CONQUISTAR...

Os mesmos princípios aplicados à classificação de acidentes se aplicam ao caso de incidentes. Não estamos simplesmente transpondo os critérios do primeiro caso para o segundo, mas sim adotando uma sistemática especialmente ajustada a incidentes, permitindo-nos separar e classificar sob critérios apropriados tais incidentes.

Se "dividir para conquistar" é aplicável para a guerra (como para a política), tem aplicabilidade no nosso caso também: ao dividir os incidentes em categorias distintas de gravidade, permite à organização concentrar seus esforços naqueles casos que estão exigindo da direção mais atenção e soluções duradouras.

O que se costuma ver, muitas vezes, é a colocação, numa mesma cesta, de todos os incidentes ocorridos em uma dada empresa, sem nenhum critério analítico.

Além de diluir os incidentes graves em meio a outros de muito menor potencial, mascara, esconde outros incidentes potencialmente graves, porém aparentemente inócuos, conforme a descrição que se lhes dê.

Numa situação assim descrita, equivale a acionar um mecanismo que aciona uma bomba de efeito retardado: não sabemos quando vai detonar...mas que vai acontecer, vai – é só uma questão de tempo.

```
                    A LINHA DO TEMPO
        ANTES              │              DEPOIS
────────────────────────────┼────────────────────────────
                            │
                            ▼
                     ┌─────────────┐
                     │  INCIDENTE  │
                     └─────────────┘
```

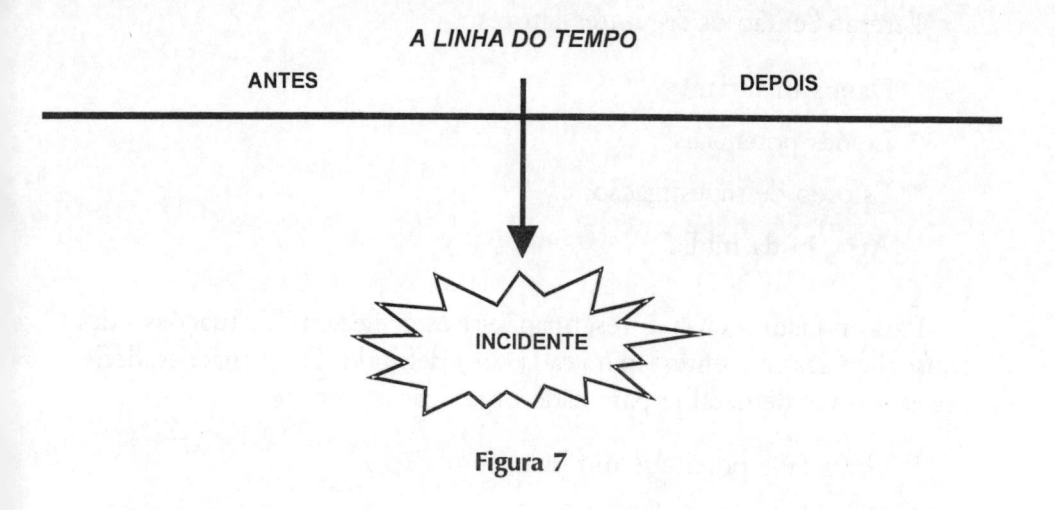

Figura 7

Para muitas organizações, o que vem ANTES da ocorrência de um incidente não é conhecido...atos inseguros são cometidos, condições inseguras em diversos locais, sem que as devidas ações corretivas sejam tomadas...a tempo!

No entanto, não se pode dizer o mesmo quanto ao que vem DEPOIS. O que vem depois inclui, como mínimo:

- Danos materiais, de variadas proporções;
- Potencial de acidente com lesões sérias (lembre-se, estamos tratando de eventos que *ainda* não causaram acidentes!);
- Esforço de investigação (exigido por lei);
- Atração da mídia (conforme o grau de seriedade e implicações do evento).

Qualificando os critérios

Por que então não adotar exatamente os fatores acima como filtros de separação dos incidentes? Não são justamente esses que nos dão imenso trabalho e preocupação?

Teremos então os seguintes fatores:

* Danos materiais;
* Lesões potenciais;
* Esforço de investigação; e
* Atração da mídia.

Para enquadrar tais fatores, propõe-se estabelecer três situações – de conseqüências crescentes – para cada fator definido. Tais situações, definíveis a nível de detalhe para cada organização, seriam:

* Gravidade potencial mínima;
* Gravidade potencial média; e
* Gravidade potencial máxima.

Como decidir qual das conseqüências adotar se resultarem diferentes entre si, para um mesmo caso? Adotando o critério de conferir ao incidente a mesma gravidade do fator avaliado em grau máximo, resolve-se essa questão.

O parágrafo seguinte poderá esclarecer melhor.

Quantificando os critérios

Tome como exemplo a tabela a seguir. Leve em conta que esta é necessariamente reduzida (ou seja, resume os critérios) e que requer detalhes adicionais para uma aplicação mais completa. Cada organização deve incorporar aqueles critérios que fazem sentido às suas características.

Em todo caso, vejamos de que forma os critérios são apresentados:

FATORES	CONSEQÜÊNCIAS DOS INCIDENTES		
	MÍNIMA	MÉDIA	MÁXIMA
Danos Materiais	Reparos/substituições que interrompem a atividade por <1 turno	Reparos/substituições que interrompem a atividade por <3 turnos	Reparos/substituições que interrompem a atividade > 3 turnos
Lesões Potenciais	Acidente leve, sem interrupção da atividade	Com afastamento, mas com lesões "simples"	Com afastamento, com lesões "graves"
Atração da Mídia	Potencial Inexistente	Potencial existirá se o evento não for bem administrado	Potencial elevado para atrair a Imprensa
Esforço de Investigação	Requer duas funções no máximo (usual: uma)	Requer no mínimo três funções	Requer equipe multifuncional, liderada por gerente

A aferição do grau de gravidade da conseqüência assim como expresso acima será muito mais de valor subjetivo do que científico. O que se pretende não são respostas "preto no branco" e, sim, ferramentas que nos ajudem no trabalho de evitar repetição dos incidentes.

O resultado a ser obtido depende da robustez do sistema analítico estabelecido e da experiência das pessoas envolvidas na análise **dentro da história e experiência da própria empresa.**

Comentando os fatores

Danos materiais, atração da Mídia e esforço de investigação são provavelmente auto-explicativos. Normalmente, uma interrupção reduzida em termos de tempo significa um evento de conseqüências mínimas.

A natureza do evento já explicitará um eventual interesse da Mídia, dependendo do impacto do evento nos funcionários, no público e/ou no meio ambiente. O esforço de investigação em si pode tornar implícito a importância do evento – no caso de uma equipe multifuncional, com diversas especialidades (instrumentação, mecânica, elétrica, laboratório etc.) para investigar o evento, já "carimba" o evento como importante.

Já as lesões potenciais requerem um pouco mais de esclarecimentos. "Ora, como vou saber qual o grau da lesão que *aconteceria*, porém não aconteceu"? Aqui é que a experiência vivida da empresa deve entrar, em especial com avaliação dos seus mais experientes profissionais, para permitir um consenso naqueles casos que pareçam mais dúbios e controvertidos.

Muitos casos serão diretos: alguém trabalhando à altura de 5 ou mais metros, sem as devidas proteções, estará sujeito no mínimo a fraturas (caso de lesões "graves"). Pode até ocorrer um operário cair dessa altura e não acontecer qualquer fratura. A questão aqui não é a exceção, mas sim a regra.

Um mecânico, que esteja limando uma peça de ferro, dependendo das condições em que esteja fazendo o serviço, poderia eventualmente sofrer escoriações em uma das mãos. Digamos que por mais de uma vez, no processo de limar a peça, o mecânico "quase" se acidentou (por ter perdido o controle dos movimentos). O potencial aqui seria definido como lesão "simples".

Cada empresa poderá definir, para o seu caso, o que entenderá por lesão "simples" e por lesão "grave". Tal lista seria um adendo às definições dadas na tabela para esses tipos de lesões.

Pondo a tabela para funcionar.

Vamos aplicar a tabela em três casos hipotéticos:

1. Dois operários estavam movendo um recipiente metálico, provido de rodas ("tacho"), para dentro de um elevador industrial em uma unidade fabril. Exatamente quando o "tacho" estava transpondo a soleira da porta do elevador, este foi "chamado" pelo piso de cima, e pela subida repentina do elevador, fez com que todo o conteúdo do "tacho" – cerca de 300 litros de solvente inflamável – fosse despejado no piso do elevador e nas cercanias do piso do prédio (onde haviam equipamentos energizados). Não houve acidentes pessoais, parte do solvente foi recuperada, não havendo outros danos materiais. A normalidade das operações foi restabelecida após 2 horas.

2. Uma fábrica de temperos condimentados teve pequeno vazamento de um corante natural que atingiu as galerias de águas pluviais, afetando o córrego próximo à fábrica. A coloração se fez evidente em pouco tempo, denunciando a presença desse corante na água do córrego. A equipe da fábrica prontamente aspergiu carbonato de sódio na superfície do córrego, o que fez com que o corante rapidamente se descolorisse, devolvendo à água sua coloração normal. Não houve outros danos materiais, e a perda de corante foi mínima. A normalidade operacional foi logo restabelecida (o vazamento ocorreu porque um recipiente de amostragem "virou" justamente ao lado de uma "boca-de-lobo").

3. A correia de uma esteira transportadora de uma máquina de envase de tinta à base de água rompe e derruba três latas de tinta no piso – cada latinha tem ¼ de galão de capacidade, e o conteúdo das três é derramado no piso. A equipe rapidamente pára a operação e limpa o setor, a manutenção substituiu a correia e a operação se reinicia 2 horas depois. O supervisor de manutenção investigou a ocorrência e concluiu que o rompimento da correia foi um evento isolado: outras correias semelhantes não apresentavam os mesmos defeitos.

Caso 1:

FATORES	CONSEQÜÊNCIAS PROVÁVEIS
Danos Materiais	Mínima
Lesões Potenciais	Máxima (elevado risco de incêndio)
Atração da Mídia	Média
Esforço de Investigação	Média
Incidente	Máxima (alto potencial)

Caso 2:

FATORES	CONSEQÜÊNCIAS PROVÁVEIS
Danos Materiais	Mínima
Lesões Potenciais	Mínima
Atração da Mídia	Média (situação bem controlada)
Esforço de Investigação	Média
Incidente	Média (médio potencial)

Caso 3:

FATORES	CONSEQÜÊNCIAS PROVÁVEIS
Danos Materiais	Mínima
Lesões Potenciais	Mínima
Atração da Mídia	Mínima
Esforço de Investigação	Mínima
Incidente	Mínima (baixo potencial)

Ações no futuro com os olhos no passado

Conforme se ressaltou anteriormente, o fato de se classificar incidentes com o uso desse sistema não dará respostas "preto no branco" – o que se pretende é usar critérios que nos ajudem a administrar os eventos que nos preocupam. Somente classificar e não agir torna esse esforço inútil.

Os seguintes passos podem ajudar a melhorar nossos resultados na administração de incidentes:

- Registre todos os incidentes, por mais inócuos que pareçam;
- Classifique-os em categorias de gravidade potencial;
- Investigue-os;
- Aja sobre as causas;
- Divulgue para todos os envolvidos os resultados das investigações e o progresso das ações.

Veja, por exemplo, o gráfico a seguir. Ele mostra o nº de incidentes ocorridos por trimestre em um dado ano. Atuando com os esforços adequadamente dirigidos, poderemos inverter as tendências – dos três tipos de incidentes – para caírem a zero.

NÚMERO DE INCIDENTES POR TRIMESTRE

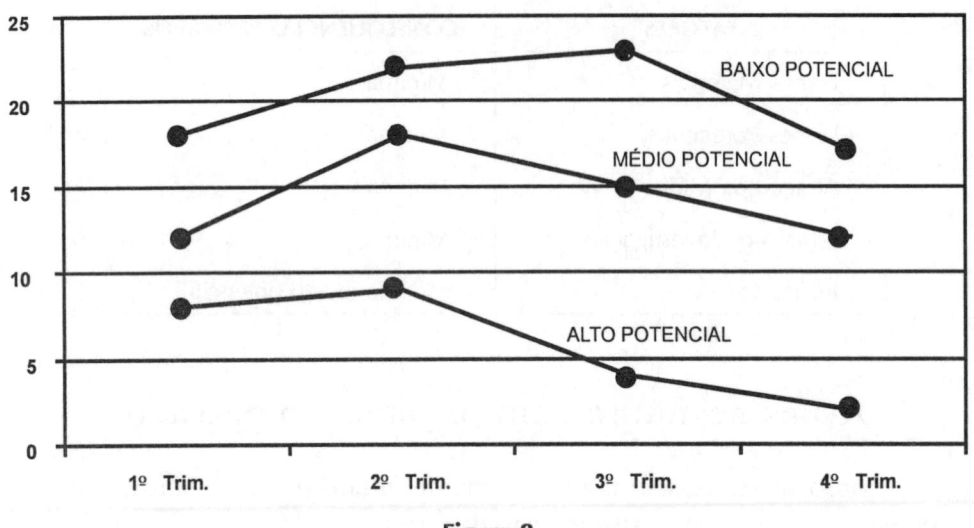

(Gráfico de linhas mostrando três séries: BAIXO POTENCIAL, MÉDIO POTENCIAL e ALTO POTENCIAL ao longo do 1º ao 4º Trimestre.)

Figura 8

Palavras de cautela

A "fonte" – ou seja, a raiz – dos incidentes resulta de uma combinação de:

- Atos inseguros;
- Condições inseguras;
- Projetos inadequados;
- Procedimentos incompletos ou inexistentes;
- Treinamento inadequado ou inexistente;
- Liderança negativa ou inexistente;
- Falta de uma política empresarial que vise a bons resultados – a longo prazo – em Segurança Industrial.

Resumo

Incidentes acontecem em todos lugares – nas fábricas, escritórios, no trânsito, nos lares. Registrar sistematicamente os incidentes que ocorrem – em particular na indústria – pode ajudar em muito a reverter a freqüência desses eventos, principalmente os de alto potencial de danos.

Para permitir um enfoque mais direcionado, este capítulo apresentou um sistema de classificação que permite dividir os incidentes ocorridos em três categorias de potencial: "máximo", "médio" e "mínimo". Seguir um processo como esse de forma disciplinada poderá permitir à organização concentrar esforços prioritários nos casos considerados mais problemáticos.

O sistema apresentado não dá respostas que seriam típicas de ciências exatas – ou seja, "preto no branco". O sistema, para bem funcionar, depende da qualidade analítica e da experiência das pessoas envolvidas na administração desses incidentes. Em suma, o sistema pretende ser uma ferramenta prática, a qual pode ou não ser bem usada.

Na fonte de todos os incidentes se encontra uma mistura de atos inseguros, condições inseguras, projetos inadequados, procedimentos falhos (ou inexistentes), treinamento inadequado (ou inexistente), liderança negativa (ou inexistente) e falta de uma política empresarial que vise a bons resultados – a longo prazo – em Segurança Industrial.

CAPÍTULO 11

CLASSIFICANDO ATOS INSEGUROS

ATO INSEGURO?

É aquele ato – ou ação – que pode (ou não) resultar em acidente ou incidente. Essa ação tanto poderá refletir algo que foi feito de maneira diversa da recomendada como refletir a negação de uma ação – algo que deveria ter sido feito e não foi.

Conforme já vimos, os atos inseguros constituem fontes quase inesgotáveis na geração de acidentes e incidentes. Colocando o raciocínio nessas bases, convém conhecer melhor os tipos de atos inseguros que ocorrem, já que isso nos daria informações para estabelecermos programas de "contra-ataque" a esses atos.

Por enquanto, admitimos a existência de atos inseguros, seja por definição formal, seja por entendimento intuitivo do que sejam tais atos. Não pretendemos entrar aqui em discussões abordando as razões psicológicas que alimentam os atos inseguros, tampouco abordar avaliações que tratem sobre erro humano e suas causas.

Vamos apenas estabelecer que nosso enfoque será sobre **comportamento observável**, e não sobre **atitude**. Atitude, aqui, seria uma questão de crença interna, valores internos. Embora nossa atitude possa ser extremamente positiva quanto à nossa obediência aos procedimentos operacionais e aos cuidados que se deve tomar, podemos negar os princípios dessa nossa atitude apresentando um comportamento que contraria tais princípios. Em outras palavras, "dizemos uma coisa e fazemos outra".

Isso não significa dar menos importância aos programas que objetivam melhorar o desempenho de segurança, tais como: integração, treinamento, palestras, folhetos instrutivos etc., os quais têm de continuar tendo a atenção costumeira. O que se quer ressaltar é que o nosso **processo de medição** será baseado naquilo que **efetivamente observarmos**, e não sobre as intenções que propiciaram um determinado comportamento.

Escala de valores

Novamente, ajudaria em nossos esforços se tivermos noção da gravidade potencial dos atos inseguros que estão sendo cometidos. Quanto mais atos inseguros graves identificarmos, mais próximo (em escala de tempo) estamos de acidentes (ou incidentes) sérios, com todas as conseqüências habituais: lesões incapacitantes, danos materiais, perda do "moral" da tropa, possível perda da imagem da empresa.

Um programa bem elaborado e que tenha continuidade dará informações valiosas:

- Quantos atos inseguros estão acontecendo;
- Que valor potencial têm para causar problemas;
- Onde estão acontecendo com mais freqüência;
- Quando estão ocorrendo com mais habitualidade (1º turno?);
- Tipo de tendência: está estável? Crescente? Decrescente?

Assim sendo, vamos estabelecer a seguinte escala subjetiva:

Qualificação do Ato Inseguro	Peso
Ato ou ação que poderia causar um acidente "leve, menor"	1/3
Ato ou ação que poderia causar um acidente com "lesão simples"	1
Ato ou ação que poderia causar um acidente "grave"	3
"Acidente leve, menor: todo acidente em que após limpeza e curativos típicos, o acidentado volta às suas atividades normais;"	
"Acidente de baixa gravidade ('lesão simples'): cortes com suturas, escoriações, queimaduras de 1º grau etc., mas que permitem ao acidentado voltar às suas atividades normais cerca de uma semana após o evento;"	
"Acidente grave: fraturas, queimaduras de 3º grau, perda de consciência etc."	

Alguns exemplos

Atos inseguros com peso 1/3:

- Lendo e andando, simultaneamente (piso plano, sem irregularidades);
- Retirando clipes de documentos com as unhas;
- Usando óculos de segurança fora de posição ("no nariz"), porém distante da área de risco (por exemplo, a alguns metros da bancada em um laboratório);
- Descarregando tábuas (de madeira, aparelhadas), sem usar luvas apropriadas (normalmente de couro, "raspa").

Atos inseguros com peso 1:

- Subindo – ou descendo – uma escada sem usar o corrimão;
- Correr no ambiente de trabalho;
- Retirar clipes de documentos com canivete (ou tesoura);
- "Reclinar" a cadeira de modo a ter somente duas pernas dela em contato com o piso.

Atos inseguros com peso 3:

- Trabalhando em altura sem usar cinto de segurança (com "trava-quedas");
- Não usar óculos de segurança (ou outro equipamento de proteção individual que seja aplicável ao caso) no manuseio de produtos químicos;
- Dirigir veículos automotores e usar celular simultaneamente;
- Usar pressão pneumática (por exemplo, ar comprimido ou pressão de garrafas de nitrogênio) para transferir líquidos de/ou para equipamentos não projetados para tal.

Há controvérsias...

Ler e andar, simultaneamente, pode suscitar situações opostas quanto ao potencial de acidente. Uma delas seria o caso de ler e andar – simultaneamente – em um piso plano, em boas condições. Nesse caso, é razoável atribuir o peso 1/3. Já o caso de um engenheiro (ou outra função qualquer), lendo e andando em uma obra de construção civil, quando as fundações estão expondo ferragens – com as pontas para cima – em valas ainda abertas, o potencial não poderia ser mais 1/3 e sim 3! Quem tropeçar e cair em uma situação como a descrita corre alto risco de acidente pessoal, de sérias conseqüências.

Vimos então que a atribuição do potencial depende muito das condições nas quais se está observando o ato.

Já no caso de um objeto cortante, como o de retirar clipes de documentos, poderíamos argumentar: "Mas um ato inseguro de peso 1 pode causar um acidente grave, como, por exemplo, uma tesoura pode atingir o pulso de uma pessoa que está retirando clipes de documentos!"...e esse ato teria na realidade peso 3!

É lógico que tal fato pode ocorrer. A probabilidade existe, se bem que o nº de eventos com "peso 1" possa superar aqueles de peso 3, para a mesma operação ou atividade.

A experiência demonstra que existem casos em que uma pessoa fratura um de seus tornozelos simplesmente perdendo o equilíbrio – ao nível do solo – "torcendo-o" de forma tal a fraturá-lo.

Em observações rotineiras, o peso 1 seria atribuído a alguém que estivesse se deslocando (talvez com "pouco cuidado") e não o peso 3.

Novamente, o que estamos tentando fazer é produzir uma expectativa de eventos que teria valor estatístico global, de caráter analítico "bruto".

Níveis de desempenho e atos inseguros

NÍVEIS DE DESEMPENHO

Nº de Dias Sem Acidentes

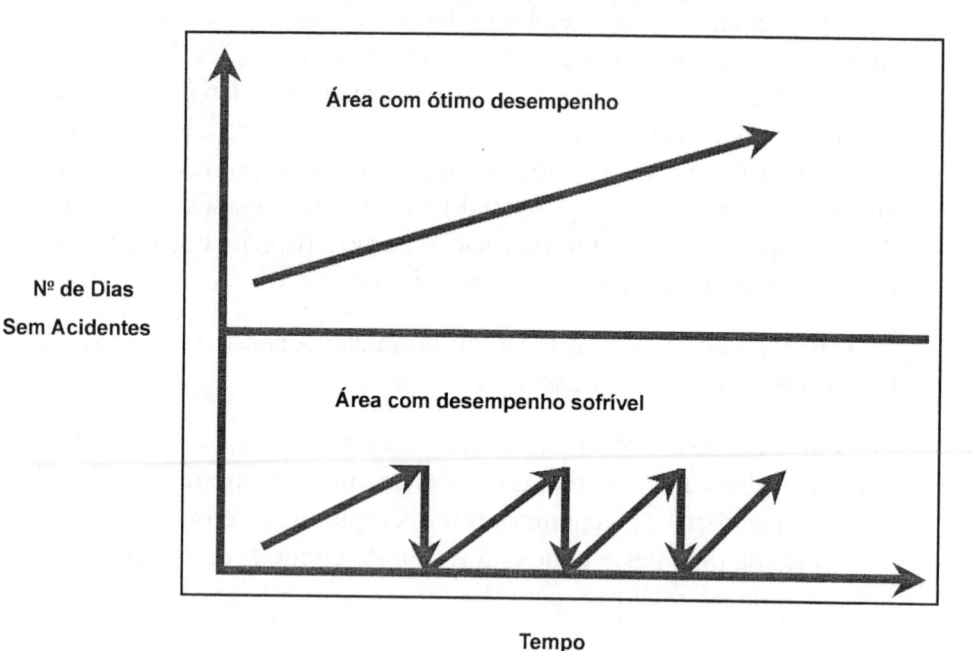

Área com ótimo desempenho

Área com desempenho sofrível

Tempo

Figura 9

O número de dias sem acidentes é um dos critérios com o qual se pode medir o desempenho de uma empresa. Pode-se ainda definir para que tipo de acidente a empresa continua acumulando dias sem tê-los – "dias sem acidentes com perda de dias de trabalho", por exemplo, ou outro tipo que a empresa resolva definir.

Seja como for, o gráfico acima mostra duas situações opostas; a parte superior aponta desempenho de uma empresa que está conseguindo aumentar o nº de dias sem acidentes. Já a parte inferior mostra uma empresa que não consegue operar por muito tempo sem que haja um acidente, no qual a linha cai a zero. Esta empresa tem muito a fazer para atingir o nível da primeira.

Já a primeira, apesar de um bom desempenho, continua tendo atos inseguros – com freqüência variável e inversamente proporcional à qualidade dos programas em curso para combater atos inseguros – e será uma questão de tempo x convergência de alguns fatores para a linha cair a zero.

O gráfico a seguir dá uma idéia do contexto acima sugerido:

ATOS INSEGUROS E DESEMPENHO

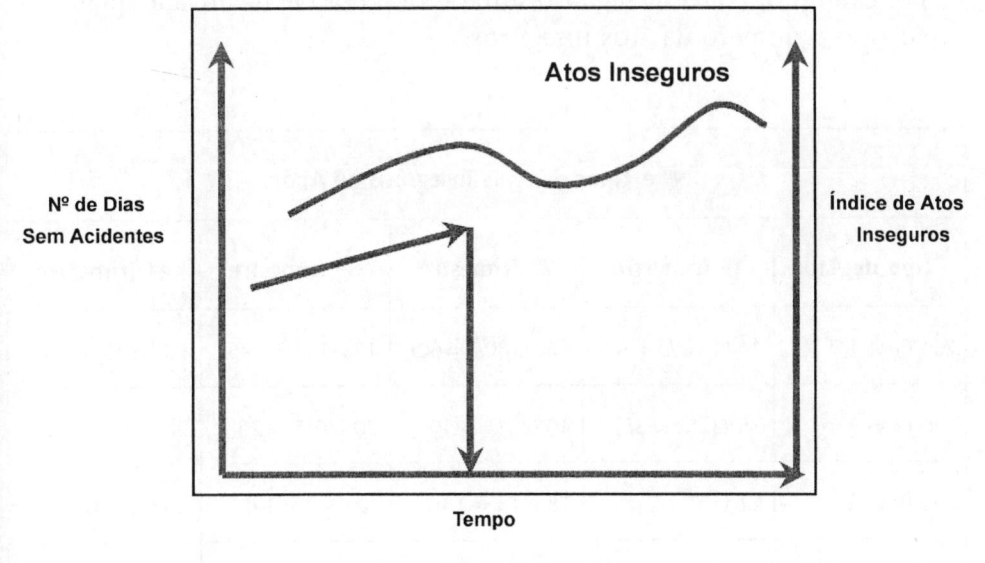

Figura 10

Moral da história

Há que se manter uma vigilância constante na identificação e correção dos atos inseguros. Quanto mais eficaz for essa identificação – e correção –, mais trará a curva dos atos inseguros para baixo, diminuindo a probabilidade de acidentes e, por conseqüência, em "trazer a linha dos dias sem acidentes para baixo".

O ideal é manter um sistema de observações tal que propicie à organização tabular os dados e produzir gráficos com tendências.

Conforme já se explicou, basta ponderar todos os atos inseguros observados de forma a poder visualizar as linhas de tendência para cada tipo de ato observado.

Após ponderar os atos, sugere-se totalizá-los, o que produzirá uma linha apenas que será representativa de todos os atos cometidos. Assim, por exemplo, a tabela a seguir resume as observações de um ano quanto ao tipo e número de atos inseguros:

	Nº e Tipos de Atos Inseguros ao Ano			
Tipo de Ato	1º Trimestre	2º Trimestre	3º Trimestre	4º Trimestre
Ato Peso 1/3	162 (162/3 = 54)	180 (180/3 = 60)	135 (135/3 = 45)	90 (90/3 = 30)
Ato Peso 1	35 (35*1 = 35)	40 (40*1 = 40)	30 (30*1 = 20)	20 (20*1 = 20)
Ato Peso 3	21 (7*3 = 21)	18 (6*3 = 18)	12 (4*3 = 12)	3 (3*1 = 3)
Total Ponderado	110	118	77	53

O gráfico a seguir corresponde aos dados da tabela acima:

EVOLUÇÃO GRÁFICA

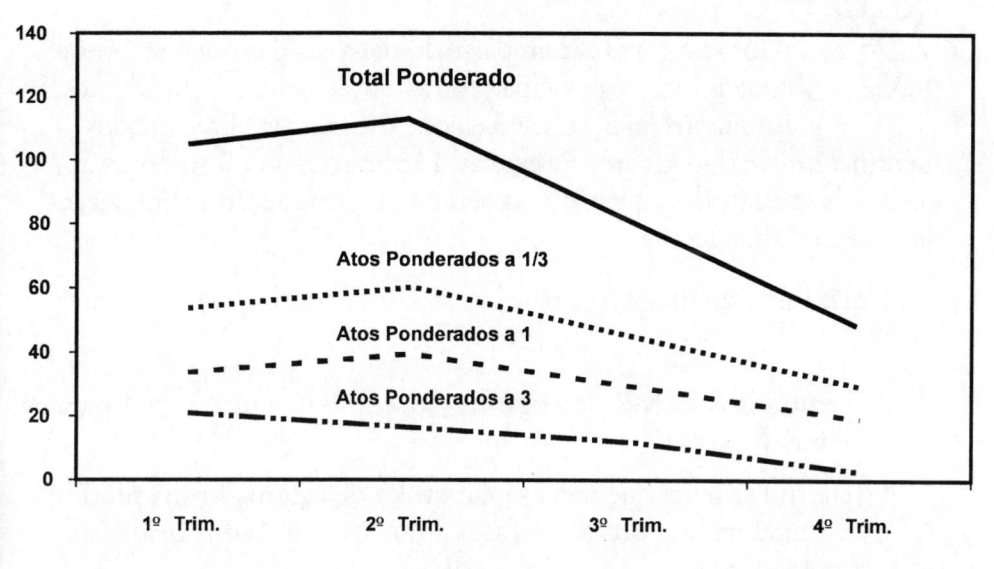

Figura 11

Aplicação prática

Suponhamos que programas específicos foram implantados para reverter a tendência de alta que se observa para o período maio – agosto. É admissível que tais programas deram resultado, dado a queda dessa tendência entre agosto e dezembro.

A constância de atos peso 3, em especial, continuará a ser uma preocupação, e ações devem ser estruturadas para reduzi-los/eliminá-los.

Resumo

Atos inseguros fazem parte do dia-a-dia das organizações e constituem a principal fonte de acidentes e incidentes. Enquanto não se estabelecer programas direcionados a identificar e corrigir os atos inseguros, não se conseguirá sustentação, em níveis satisfatórios, quanto ao desempenho na redução e eliminação de acidentes/incidentes.

Um bom programa de controle de atos inseguros inclui os seguintes fatores:

* Tempo dos líderes da organização em "sair em campo" para observar e corrigir os atos inseguros;
* Ter um sistema que registre tais atos e de alguma forma prática acompanhar a evolução dos atos durante o ano, a fim de identificar tendências;
* Se o sistema contempla valores diferenciados para os atos inseguros – 1/3 para os "leves", 1 para os "médios" e 3 para os "graves", permitirá ao sistema informar as tendências de cada tipo de ato inseguro;
* Ter em conta que a observação de **atos seguros** tem forte impacto – positivo – entre a "tropa" e constitui forte fator motivacional para que as pessoas repitam os bons hábitos/disciplina que demonstraram;
* Saber que o sistema de observação deve se pautar em **comportamento observável** e não sobre as **atitudes**. Conforme já se explicou, o significado de **atitude** aqui reflete crenças e valores internos. Embora valores internos sejam importantes para o bom desempenho, eles constituem a *entrada*, e não a *saída*, de como as pessoas atuam, que é o critério fundamental da medição. Nesse caso, medimos o que *sai*.

CAPÍTULO 12

ABORDANDO ATOS INSEGUROS

Entendendo o Esquema

Alguém que tenha sido interpelado por um policial rodoviário – por excesso de velocidade, digamos –, certamente não achou a experiência aprazível. Ninguém gosta de ser "pego" em algo que não deveria estar fazendo!

Essa é a reação da maior parte das pessoas, em situação idêntica à acima descrita. Especialmente quando há outras pessoas por perto, testemunhando o nosso desconforto, normalmente "nos fechamos" e não escutamos mais nada!

Embora tenhamos o dever profissional de identificar e corrigir atos inseguros quando os surpreendemos, precisamos levar em conta aspectos psicológicos fortíssimos – que a todos nós atingem – a fim de que possamos conduzir uma interpelação corretiva que não dê resultado contrário ao que queremos.

O objetivo deste capítulo é apresentar alguns pontos que, se observados, tenderão a aumentar sua quota de êxitos nos contatos interpessoais, quando corrigindo atos inseguros.

Sistema ABC

Thomas R Krause,[1] aborda a questão de comportamento a partir de um ponto de vista pragmático e que se relaciona fundamentalmente com dois fatores: aqueles que antecedem e aqueles que sucedem nossos comportamentos. Aos que sucedem, referir-nos-emos como sendo fato-

---

[1] "Employee-Driven Systems for Safe Behavior", Van Nostrand Reinhold.

res conseqüentes (para que a primeira letra da palavra conseqüente coincida com a sigla **C** acima – *ABC*).

Mas o que significaria então a letra **B**? Significa **Comportamento**, do inglês *Behavior*. Assim, levando-se em conta o acrônimo **ABC**, implica que há fatores que antecedem nossas ações e que podem influenciar nosso comportamento. Daí por que a letra **A** – Antecedente – está **antes** da letra **B** (*Behavior* = Comportamento).

Da mesma forma, há fatores que se sucedem ao nosso comportamento e que podem, por análise e retrospecção, influenciar nosso comportamento futuro. Por essa razão, nós os chamamos de fatores *conseqüentes*.

Temos, agora, a explicação completa do acrônimo **ABC** e passaremos a oferecer exemplos que permitam esclarecer com mais detalhes não só o que realmente significam, mas, mais importante, de maneira prática podemos usar esse conhecimento.

Faça o que eu digo, mas não faça o que eu faço...

Ainda sob o ponto de vista pragmático, vamos fazer uma distinção entre Atitude e Comportamento, embora que, para a maior parte de nós, tais termos são interpretados como sinônimos. Para Thomas R Krause, Atitude representa valores internos, crenças, enquanto Comportamento seria a parte observável do que fazemos, de como agimos.

Por um lado, podemos dizer que Atitude está ligada a entradas, isto é, alimentamos nosso interior com informações, com códigos de valores. Quando passamos a agir, colocando "para fora" nossas intenções, estamos trazendo à luz nosso Comportamento *Observável*. Os comportamentos estariam então ligados a saídas, porque "saíram" do nosso interior.

O sistema de observação, para identificar e corrigir atos inseguros, se apóia naquilo que observamos, ou seja, algo que se possa concretamente apontar. Até o mais bem preparado e consciente funcionário pode cometer atos inseguros (quem não os comete?) e, numa interpelação corretiva, estaríamos focalizando principalmente o ato cometido.

A questão fundamental se liga à nossa capacidade de medir coisas...é muito mais fácil – e objetivo – medir comportamentos do que atitudes (as quais podem conter uma variedade significativa de conhecimentos, crenças etc., e que resistem a serem colocadas sob um denominador comum).

Embora tal conceituação possa cheirar à obviedade, ela é útil no sentido que se torna profissional e isenta, já que mede as saídas, independentemente de quem esteja cometendo um dado ato inseguro. Ganhando conhecimento sobre as *saídas* podemos estabelecer planos para modificar, o quanto necessário, as entradas a fim de conduzir os comportamentos para onde precisamos tê-los.

Como as saídas são por nós observadas, de modo imparcial e profissional, elas são o que mostram ser, nada mais. Não há como alterar o que "acabou de ser feito", mas sim motivar para um comportamento futuro diferente e mais seguro do que o recém-demostrado.

Vamos examinar o que pode conter "as entradas". Tais podem incluir:

- Conhecimento suficiente e apropriado às circunstâncias;
- Conhecimento insuficiente e não apropriado às circunstâncias;
- Treinamento insuficiente;
- Lapsos de atenção (causados por cansaço, pressão emocional, pura "distração" etc.);
- Pressão do grupo ("as coisas aqui são feitas assim"...);
- Pura indisciplina;
- Etc.

Os papéis e os atores

É inegável que tanto os antecedentes como os conseqüentes têm forte influência sobre nosso comportamento. A questão será saber qual desses dois *atores* terá maior probabilidade de influenciar nosso comportamento e de que forma prática podemos usar esse conhecimento.

A situação ideal é que os antecedentes estejam em completa harmonia com os conseqüentes, isto é, o que fazemos, nossas saídas estejam refletindo adequadamente nossos antecedentes. De forma pragmática, aquilo que acabamos de fazer reflete o conhecimento necessário através de um procedimento apropriado às circunstâncias e com o grau de atenção que o caso requer.

Porém nem sempre temos a situação ideal...e é importante, ao estágio de desenvolvimento desse tema, sabermos que os conseqüentes têm, no geral, uma influência mais forte sobre nosso comportamento do que os antecedentes. Se isso de fato corresponde à realidade, será então possível organizar nossas ações gerenciais de forma que comportamentos esperados tenham maior probabilidade de ocorrer.

Antes de detalharmos esse aspecto, cabe dizer que existem fortes fatores psicológicos, inerentes à natureza humana (e que não dependem de conhecimentos organizados), que nos levam a repetir um dado comportamento.

Comportamento gerando comportamento

Uma palavra de cautela: quando comentamos o comportamento de um grupo, de nossa própria organização, "que não tem jeito", estamos admitindo nossa falha como líderes. Muito do comportamento das pessoas que a nós respondem resulta da maneira como conduzimos o processo de liderança dessas pessoas.

Isso funciona como uma gangorra – o que é feito de um lado impacta o outro. Não devemos, portanto, nos esquecer que somos a parte que pode determinar a mudança.

Cabe, agora, investigar alguns aspectos de comportamento. Em relação a tudo aquilo que fazemos, existem, como pano de fundo, forças que nos impelem a repetir ou não um dado comportamento. Para entender quais são essas forças, vamos ordená-las sob três fatores:

1. De Tempo.
2. De Probabilidade.
3. De Polaridade.

Influências de tempo

Somos mais influenciados por forças (conseqüências) que ocorrem *mais cedo* do que mais tarde. Assim é que preferimos:

- Um reconhecimento (por um trabalho feito) mais *cedo* do que mais tarde: "João, aquele trabalho que você fez **ontem** está muito bom! Outros terão que seguir o seu exemplo" é bem mais forte e convincente do que "João, aquele trabalho que você fez há **dois meses** está muito bom..."
- Sermos advertidos a tempo hábil por uma falha pela qual somos de fato responsáveis, do que após terem transcorridos dias ou semanas;
- Saborear um sorvete – extremamente calórico – mais cedo (já! agora!) do que mais tarde. As conseqüências de "engordar" ficam para se preocupar mais tarde, depois. O que está mais adiante, na linha do tempo, não tem tanta força para modificar nosso comportamento.

Influências de probabilidade

Aqui, as forças serão mais fortes à medida que as conseqüências – boas ou não – aconteçam dentro do que se perceba ser certa ou incerta. Alguns exemplos esclarecerão:

- O simples fato de se ter o dinheiro suficiente e de se estar próximo à sorveteria fará a possibilidade de adquirir o sorvete como certa. Não é algo que ainda depende de outros fatores – irá acontecer;
- O fato de se acrescentar mais peso corpóreo tende a ser interpretado como incerto, já que tal conseqüência fica transferida a um

futuro incerto (acontecerá, mas quando? O que procuro é gratificação certa, garantida);

- Tendemos a prestar mais atenção, como pedestres, em um tráfego intenso e perigoso do que em uma rua calma – um acidente, com sérias lesões, é praticamente certo em condições de alto risco;
- Tendemos a tomar mais cuidado quando estamos expostos a alturas – uma queda traria conseqüências certas – não há como duvidar;
- Para os fumantes, em geral, fica mais difícil "largar" o hábito porque as conseqüências são interpretadas como incertas ("meu avô fumou até aos 80 anos de idade e nunca teve nenhum problema").

Influências de polaridade

Tudo aquilo que for de "nosso gosto", que nos dá prazer, é interpretado como positivo. Já os valores que estão no extremo oposto são tidos como negativos. O que for positivo terá mais chances de nos influenciar:

- O sorvete poderá ser calórico, mas é gostoso! Adquire para nós a conotação de positivo. Por que não tomá-lo agora?
- Embora esse mesmo sorvete possa nos dar "azia", tendemos a desconsiderá-la pois é negativa. "Ah, depois eu tomo um antiácido";
- Um elogio em público nos impele fortemente a repetir o mesmo comportamento que o gerou, pois é fortemente positivo (reforço extraordinário do nosso ego!).

As influências em ação

É lógico que os três tipos de influências agem simultaneamente em nós – percebemos, intuitivamente, tudo aquilo que acontece mais cedo, e que é *certo* e positivo. Tudo isso ocorre instantaneamente! O conjunto dessas influências, ou seja, a soma delas, age de forma a tomarmos a decisão de nos comportar daquela maneira. Uma tabela poderá esclarecer para um exemplo corriqueiro:

Antecedentes	Comportamento	Conseqüentes	Influências*		
			C/T	C/I	P/N
(Ou seja, os fatores ou forças que disparam um determinado comportamento)		(Ou seja, nossa avaliação dos resultados de nosso comportamento)	(Ou seja, os valores para cada um das influências de tempo, de probabilidade e de polaridade)		
1. Fome;	Comer uma costela assada, gorda	1. Costela me sacia;	+ cedo	certo	positivo
2. Presença dos amigos;		2. "Adoro" costela;	+ cedo	certo	positivo
3. "Tira-gosto", especialmente de costela;		3. "Colesterol";	+ tarde	incerto	negativo
4. "Carne gorda" não faz bem (é o que dizem);		4. Aumento de peso;	+ tarde	incerto	negativo
5. "Sempre comi costela e nunca me fez mal".		5. Possibilidade de infarto.	+ tarde	incerto	negativo

* C = Mais cedo; T = Mais tarde; C = Certo; I = Incerto; P = Positivo; N = Negativo.

Conclusão

A tonalidade mais clara (■) nos dá permissão para "ir em frente" e saborear a costela tão apetitosa! O que está mais escura (■) – + tarde, incerto e negativo – deixamos para depois e não nos impede nosso comportamento.

Assim, em seus contatos interpessoais, quanto a atos inseguros que tenham sido cometidos:

- Corrija-o no ato! (mais cedo);
- Identifique um ou mais aspectos que teriam efeito *certo*, em termos de lesão potencial, na pessoa que cometeu o ato inseguro;
- Identifique aspectos *positivos* relacionados com o ato cometido (manutenção da integridade física, saúde etc.). Embora aspectos *negativos* possam ser fortes e convincentes (perda da vida), tendemos a ignorá-los ("acidentes não acontecem comigo").

Um dos aspectos que se deve levar em conta sempre é determinar se a pessoa que cometeu o ato inseguro conhece de fato o potencial de risco envolvido. Muitas vezes, tal potencial é simplesmente desconhecido (como o caso de uma pedra de esmeril que se fragmenta em alta rotação – pequenos pedaços podem adquirir a força de impacto de uma bala de revólver e causar uma ou mais fatalidades). Ao conhecer o real potencial, é bem provável que a pessoa adquira hábitos mais apropriados para operar e manter uma pedra de esmeril em condições seguras.

Resumo

A questão do comportamento que possamos apresentar pode ser comparada a uma gangorra – nosso comportamento, como supervisores, gerentes ou líderes, tem decidida influência sobre como "nosso pessoal" se comportará. Assim, quando dizemos que nosso pessoal não tem jeito, estamos admitindo que "nós não temos jeito".

Conhecer os fatores que geram comportamentos esperados, "positivos", pode ajudar muito em transformar os hábitos coletivos de grupos. Estudos comportamentais demonstram que existem fatores que *antecedem* um determinado comportamento e aqueles que *sucedem* o referido comportamento. Ambos têm influência em qual comportamento será escolhido, mas o consenso é que os fatores *conseqüentes* tendem a ter influência predominante, pois agem de forma intuitiva, não dependendo de modo impeditivo de conhecimentos adquiridos.

Tal sistema é chamado de sistema ABC. Isto porque, em inglês, a letra A representa a palavra *"Antecedent"* (Antecedente), a letra B *"Behavior"* (Comportamento) e a letra C *"Consequent"* (Conseqüente).

Os antecedentes representam as "entradas", isto é, conhecimentos, treinamento, crenças, informações que temos a respeito das coisas. Os conseqüentes representam as "saídas", ou seja, aquilo que estamos *fazendo*. Thomas R. Krause, criador do sistema ABC, acredita que se deve distinguir entre *atitude* e *comportamento*. As atitudes seriam representadas pelos nossos conhecimentos, treinamento, crenças etc., enquanto comportamento seria a parte observável do que fazemos.

Focando atenção objetiva ao comportamento, poderemos determinar como influenciar as "entradas", a fim de tentar modificar um comportamento futuro. Além do que, ao focar tal comportamento, é importante sabermos que aspectos acontecem *mais cedo* têm mais força do que aqueles que ocorrem *mais tarde*. Tais são conhecidos como *fatores de tempo*.

Já os *fatores de probabilidade*, ou seja, *certo* ou *incerto*, indicam que aqueles fatores que sejam *certos* têm maior força de convencimento. Por último, os *fatores de polaridade*, ou seja, *positivo* ou *negativo*, fazem com que prefiramos aqueles fatores que nos sejam *positivos*.

Todos os três fatores – de tempo, de probabilidade e de polaridade – agem simultânea e intuitivamente.

CAPÍTULO 13

ANALISANDO RISCOS

Uma Técnica Acessível

Ao abordar um ato inseguro, você pode concluir – como costuma acontecer em muitos casos – que um dado procedimento precisa ser revisto porque inclui riscos que não haviam sido devidamente considerados.

Quando isso ocorre, revela uma falha do sistema e não isoladamente do funcionário que cometeu o ato inseguro. É nossa obrigação, dessa forma, rever o procedimento em todas as suas etapas e cuidar de inserir medidas preventivas e treinamento.

Os Estados Unidos foram pioneiros em sistematizar um processo de análise de riscos chamada de "*Job Safety Analysis*", ou seja, literalmente, "Análise de Segurança de Trabalhos". Uma tradução equivalente e que reflete a intenção da técnica poderá ser "Análise de Riscos".

Não é incomum um encarregado, responsável pela operação de uma parte de um processo industrial, dizer: "Precisamos fazer um JSA dessa parte do processo." Obviamente, ele quer se referir à análise de riscos que estamos no momento tratando. Como muitas palavras de origem inglesa se incorporaram ao nosso idioma do dia-a-dia, essa também parece estar se consolidando.

É oportuno advertir que há diversas técnicas de análise de riscos, moldadas conforme as exigências e complexidades do sistema sob foco. Não vamos aqui apresentá-las, por estarem fora do escopo deste livro. Também não vamos explorar a definição de "risco" em contraposição a "perigo". Como a palavra **risco** é usada no cotidiano e faz parte do linguajar comum nas fábricas (ao nível de "chão de fábrica"), vamos simplesmente mantê-la.

Pontos fortes

Alguns dos pontos fortes dessa técnica:

- É acessível, isto é, envolve as pessoas que "estão com a mão na massa", em seu próprio ambiente de trabalho;
- Desperta as pessoas para riscos que elas não haviam ainda percebido (e/ou simplesmente não sabiam);
- Permite treinamento objetivo para funcionários novos e recém-transferidos;
- Facilita revisão anual dos procedimentos já analisados, permitindo retreinamento de funcionários já treinados;
- É um excelente apoio para auditorias formais.

Surdez e cegueira ambiental

Os pontos fortes dessa técnica, acima abordados, talvez possam ser mais bem apreciados se atentarmos para o seguinte: todos nós podemos ser vítimas da chamada surdez e cegueira ambiental.

O que significa isso? A rotina tende a embotar nossos sentidos, possibilitando não percebermos mais certos impulsos físicos. Um caso clássico: quando colocamos um despertador mecânico (que faz "tique-taque" audível), é só uma questão de tempo para não ouvirmos mais esse som característico. Em outras palavras, ficamos temporariamente surdos.

E quanto aos outros sentidos? Há casos bem documentados de situações em que a pessoa "olhou" e não "viu" – "Eu vi, mas não enxerguei!" é a reação. De alguma forma, há um impedimento no processo visual que torna a "visualização" no cérebro temporariamente nula. É sabido que fortes tensões emocionais, alto grau de distração etc. podem provocar tais fenômenos.

A técnica que vamos abordar ajuda significativamente a anular a "surdez e cegueira ambiental", de vez que promove espontaneamente, por parte das pessoas envolvidas na análise, um grau de alerta que antes elas não tinham.

Por que ocorre tal fato? Ao participarem do processo analítico, etapa por etapa, há como se fora um filme em que o protagonista ao mesmo tempo atua e dirige – há, em outras palavras, uma introspecção dos procedimentos de "fora para dentro".

A afirmação de um encarregado de manutenção (de máquinas de montagem de espoletas explosivas), após ter participado em uma análise de riscos desse tipo, ilustra bem esse ponto: "Estou há 20 anos nesse trabalho e jamais pensei que haveria novidades para mim em termos de riscos dessas máquinas!"

Seria isso suficiente para garantir a total segurança das etapas do procedimento sob análise? Não, infelizmente a resposta não é afirmativa. Mas como não como negar que o nível de segurança será agora decididamente maior do que o anterior?

Mãos na massa (afinal, como funciona o método?)

O método persegue disciplinadamente três partes:

- As etapas do trabalho (ou atividade) em questão;
- Os riscos associados a cada uma dessas etapas; e
- As ações preventivas e corretivas para cada um dos riscos identificados.

A prática tem demonstrado que o método funciona muito melhor quando se identificam, primeiramente, todas as etapas do trabalho a ser feito. Isso significa que não incluiremos, nessa fase, a identificação dos riscos, tampouco as proteções devidas. Definidas as etapas, passamos a identificar os riscos associados a cada etapa. Não, não caia na tentação de a cada risco identificado definir, nesse momento, uma proteção. Aguarde um pouco mais! Você verá por que.

Assinalados os riscos de cada etapa, passamos a definir quais as ações preventivas e corretivas para cada risco. Quando se colocam em uma planilha os resultados da análise, verifica-se que ocorre a repetição de riscos para outras etapas, e, portanto, haverá a repetição das proteções respectivas. Com isso se ganha tempo e eficácia.

Palavras de cautela

Novamente, a prática recomenda que, ao se estabelecer as etapas de um trabalho, se tenha a precaução de não definir um número excessivo de etapas. Se tal ocorre, ofusca o foco de análise, o trabalho fica cansativo e enfadonho. O objetivo deverá ser de identificar as etapas principais, mais significativas.

Mas como vou saber se estabeleci um número "adequado" de etapas que sejam representativas? Uma consideração a ser feita é: se o procedimento sob análise gerar até dez etapas, então, em princípio, deverá estar adequado. Se, em contrapartida, gerar 30 etapas, será provavelmente mais conveniente "quebrar", separar o procedimento em questão em três planilhas de análise, ou seja, em três "JASs".

Aplicação

Que tal agora analisarmos usando a técnica "JSA", a atividade de "ferver leite em fogão a gás?" Como tal atividade é extremamente comum, deverá facilitar o processo ilustrativo.

Primeiro passo

Identificar as etapas dessa atividade (sem ainda associar os riscos e proteções respectivas). Tais etapas poderiam ser:

1. Retirar o frasco de leite da geladeira;
2. Colocar a quantidade desejada de leite no recipiente em que se fará a fervura ("leiteira");

3. Colocar a leiteira em uma das "bocas" do fogão;
4. "Abrir" o gás para essa boca;
5. Acender o gás dessa boca;
6. Ferver o leite até que "suba".

Segundo passo

Identificar os riscos associados a cada etapa (sem ainda definir as proteções!):

	Etapas	Riscos
1	Retirar o frasco leite da geladeira	1.1 Choque elétrico ao tocar na geladeira; 1.2 Derrubar o frasco no piso da cozinha.
2	Colocar o leite na leiteira	2.1 Colocar excesso, "entornando" leite.
3	Pôr a leiteira na "boca" desejada	3.1 Sem risco aparente
4	Abrir o gás para essa boca	4.1 Abrir a boca "errada" (outra boca), acumulando gás sem ignição no ambiente – risco de explosão!
5	Acender o gás dessa boca	5.1 "Queimar" o dedo (palito "curto"); 5.2 Botão "emperra" na posição aberta, emitindo gás para o ambiente ainda sem ignição – risco de explosão!
6	Ferver o leite até que "suba"	6.1 O leite transborda, apaga o gás, e continua a se acumular no ambiente sem ignição – risco de explosão!

Terceiro passo

Estabelecer as ações preventivas e corretivas para cada risco identificado:

Nº	Etapas	Riscos	Ações
1	Retirar o frasco leite da geladeira	1.1 Choque elétrico ao tocar na geladeira; 1.2 Derrubar o frasco no piso da cozinha.	1.1.1 Confirmar que ligação "terra" da geladeira está dentro dos padrões; 1.2.1 Desenvolver o hábito de ter sempre a mão livre "ajudando" a suportar o frasco.
2	Colocar o leite na leiteira	2.1 Colocar excesso, "entornando" leite que se colocou a leiteira.	2.1.1 Colocar a leiteira na "cuba" da pia (se entornar, não compromete outras partes da pia ou piso).
3	Pôr a leiteira na "boca" desejada	3.1 Sem risco aparente.	3.1.1 Eventualmente a boca desejada poderá estar instável – verificar antes.
4	Abrir o gás para essa boca	4.1 Abrir a boca "errada" (outra boca), acumulando gás sem ignição no ambiente – risco de explosão.	4.1.1 Conferir, o esquema das posições das bocas (no painel do fogão).
5	Acender o gás dessa boca	5.1 "Queimar" o dedo (palito "curto"); 5.2 Botão "emperra" na posição aberta, emitindo gás para o ambiente ainda sem ignição – risco de explosão!	5.1.1 Usar palitos mais longos ou acendedores especiais à pilha; 5.2.2 Fechar a válvula de saída do botijão de gás.
6	Ferver o leite até que "suba"	6.1 O leite transborda, apaga o gás, e continua a se acumular no ambiente sem ignição – risco de explosão!	6.1.1 Permanecer atendendo a fervura até o ponto desejado; 6.1.2 Usar leiteiras que tenham dispositivos de aviso de fervura.

Comentários

- A planilha acima deverá conter um cabeçalho com os seguintes dados: nome e função de quem conduziu a análise, nome e função dos participantes, local, departamento ou setor onde se fez o estudo e quem aprovou o JSA (nome e função);

- O simples ato de ligar um interruptor de lâmpada pode provocar uma explosão se há gás "livre" no ambiente. Esse simples exemplo ilustra como a operação de um utensílio tão comum pode gerar uma condição potencial de alto risco.

    Quaisquer que sejam os motivos pelos quais o gás escapa, o resultado final poderá ser o mesmo (como quando a mangueira do gás passa pela parte traseira do fogão, e pelo calor a mangueira se funde parcialmente, permitindo escape de gás no ambiente);

- Ajuda muito usar um sistema de numeração – ou semelhante – para associar as etapas com os riscos e estes com as ações. O sistema usado acima evita que se confunda uma determinada ação com um risco que não lhe diz respeito.

    Por exemplo: vendo-se a ação 6.1.1 já se sabe que está ligada ao risco 6.1 e este, por sua vez, à etapa 6;

- O que acontece se duas pessoas diferentes "fazem o mesmo JSA?" As etapas serão iguais? As etapas dos dois JSAs serão logicamente diferentes! Espera-se naturalmente que apresentem etapas comuns. O importante é que contenham os principais riscos e que as ações de fato incrementem o nível de segurança.

Dicas sobre a condução de um JSA

Alguns pontos que devem ser considerados quando se realizar um JSA estão abaixo.

Quanto às características de quem conduz a análise:

- A pessoa que liderar o processo não deverá, necessariamente, ter experiência no processo em questão. Até é preferível que não tenha, pois estará mais "livre" para fazer perguntas, as quais costumam surpreender pela simplicidade e pelos bons resultados que trazem;

- O líder deverá ter habilidade suficiente para fazer com que os participantes tenham uma quota equivalente de participação – os "mais falantes" deverão ser contidos e os "mais quietos", motivados a falar.

Quanto ao local onde será feita a análise

- Sem dúvida, deverá ser feita onde se realiza o trabalho ou atividade sob análise. Essa análise é feita normalmente "de pé" e em direta observação dos equipamentos e produtos envolvidos;

- Não sendo prático fazer toda a análise no local, ao menos coletar os dados fundamentais neste e só fazer o estudo em sala – em todo caso, preferir sempre o próprio local onde se faz a atividade.

Quanto ao número de participantes do JSA

- O número pode variar desde um participante apenas até 5 ou 6. A prática indica que 3 a 4 pessoas costumam propiciar resultados muito bons;

- Convém evitar um número de participantes superior a 6 – a participação individual tende a cair, e nessa situação não se obtém o grau de conscientização ou de envolvimento que constituem o ponto forte dessa técnica. Se for o caso, vale a pena repetir o JSA para os participantes adicionais – é bem provável que haja contribuições complementares!

Resumo

A técnica de análise de riscos que acabamos de ver é conhecida como *"Job Safety Analysis"* (JSA), significando, literalmente, "Análise de Segurança de Trabalhos". Essa técnica foi desenvolvida nos EUA e ainda tem larga aplicação em empresas nacionais e multinacionais.

É uma técnica que se baseia em, disciplinadamente, identificar as etapas de uma dada atividade, quais os riscos que a elas estão associados e que tipo de ações preventivas e corretivas devem ser especificadas para cada risco identificado.

A técnica costuma dar melhor resultado quando se examinam quais são as etapas de um dado trabalho, sem ainda identificar os riscos. Somente depois de definidas as etapas é que se passa a identificar os riscos de cada uma delas. Isso feito, passa-se a listar as ações preventivas e corretivas de cada risco da atividade.

Muito do que se pode conseguir da análise dependerá das qualidades de liderança de quem a conduz. Essa pessoa deverá ter, sim, experiência industrial, mas não necessariamente experiência no processo em questão. Tal desconhecimento passa a ser na realidade uma vantagem, pois pode tornar as perguntas tidas como "óbvias" extremamente reveladoras.

A principal característica de liderança a ser demonstrada será motivar os participantes da equipe em equanimente contribuírem com idéias e sugestões para melhoria do procedimento quanto à segurança de suas etapas.

CAPÍTULO 14

ESCREVENDO PROCEDIMENTOS

ELOS DE UMA CORRENTE

Você acaba de identificar – e corrigir – um ato inseguro e conclui que o procedimento envolvido não havia sido revisado quanto aos riscos nele embutidos. Ato contínuo, decidiu então "fazer um JSA" para assegurar que todos os passos do procedimento tenham as devidas proteções.

Mas ao conferir o procedimento escrito, você se deu conta de que os passos foram escritos em linguagem confusa e que poderiam induzir o executor do procedimento a cometer erros operacionais e, possivelmente, atos inseguros. Se isso acontece, revela uma falha do sistema gerencial, e não do funcionário necessariamente.

Um "bom" procedimento estabelece claramente o que deve ser feito. Isso, no entanto, nem sempre acontece. Muitas vezes ficamos confusos quanto ao que temos que fazer, obrigando-nos a ler as instruções diversas vezes.

O exemplo a seguir reflete um caso real, burocrático[1]: "Cada formulário deve ser acompanhado de uma explicação detalhada em duplicata. Essa explicação deve arrolar os fatos exigidos por esse departamento e de modo tal que haja uma completa exposição da transação em tela."

Não teria sido melhor dizer algo como:

"O Sr. deve nos mandar:

- O formulário preenchido; e
- Duas cópias de uma carta explicando todos os detalhes de sua transação."

---

[1] The Plain English Approach to Business Writing, Edward P. Bailey, Oxford University Press.

Não há como negar que procedimentos escritos constituem elos importantes na corrente que liga atos inseguros à análise de riscos (JSAs). Freqüentemente, procedimentos que deveriam estar escritos não o estão. Aqueles que estão escritos podem estar desatualizados. E aqueles que estão "atualizados" poderão estar descritos de forma confusa.

Este capítulo abordará sugestões para melhorar a qualidade dos procedimentos escritos de forma a:

* Torná-los mais objetivos; e
* Com medidas preventivas para cada passo.

Teste de fogo

Um bom teste para um procedimento: faça com que duas ou mais pessoas o leiam e, em seguida, peça que digam o que tem de ser feito. Não havendo hesitação ou divergências entre os leitores, o procedimento deverá estar claro em seu propósito.

O âmago do problema aqui está na interpretação que todos nós fazemos quando lemos algo. Se a interpretação que fazemos não corresponde àquela pretendida por quem preparou o procedimento, estamos com potencial de erros – sejam operacionais, sejam de segurança, ou ambos.

Uma simples instrução pode gerar confusão, como "em cinco dias a equipe o aguardará às oito e meia na plataforma de embarque da viação XYZ", terminal de Santo André. "Que dia mesmo foi emitida essa nota? Oito e meia? Da manhã? Da noite? Terminal de Santo André? Leste ou Oeste? Plataforma de embarque? Qual? Há inúmeras! Destino?"

Engenheirês, supervisorês

O problema de interpretação pode aumentar sensivelmente quando, por sermos engenheiros e/ou supervisores, escrevemos procedimentos refletindo o linguajar típico de nossas profissões, o qual pode em grande parte não ser familiar para o operador que tem de ler e executar um procedimento.

Em princípio, não há nada de errado em usar termos como:

- Constante de equilíbrio;
- Reações endotérmicas e exotérmicas;
- Balanço de energia e de massa;
- Misturas azeotrópicas.

Contanto que os significados tenham sido explicados e entendidos por quem opera um processo dado. Ainda assim, tais termos só devem ser inseridos se são necessários para a fiel execução do procedimento em que constam.

A situação preferida é aquela em que o procedimento é escrito usando-se as palavras que os próprios operários já estão acostumados a usar. Dando-se o devido suporte, os próprios operários podem escrever os procedimentos pelos quais serão responsáveis!

Inflação

Termo tão conhecido – e sofrido – pela população brasileira, principalmente na área econômica. Para o nosso caso, podemos facilmente transpor esse conceito para o número de palavras com que nossos procedimentos são escritos. Em grande parte dos casos, há excesso de palavras, causando uma diluição do objetivo ou foco do procedimento. Contribui para isso principalmente:

- O uso de voz passiva além do que seria justificado;
- O uso de termos ou palavras que nada acrescentam ao sentido da frase;
- A tendência de incluir detalhes que não pertençam ao contexto.

Quanto à voz passiva: há normalmente palavras em excesso, atrasando a leitura e o entendimento. Na voz passiva, o sujeito sofre a ação, em vez de executá-la: "A válvula foi fechada pelo operador." Melhor seria: "O operador fechou a válvula." Nesta última, a ação é claramente feita pelo sujeito da frase. Normalmente, o leitor aprecia mais os textos em que há voz ativa do que passiva. Então, em seus procedimentos, procure evitar o uso da voz passiva, preferindo, sempre que possível, a voz ativa – dará muito mais "força" e naturalidade aos seus textos!

Quanto ao excesso de palavras, o texto abaixo[2], extraído de um memorando, no qual um chefe de setor pede a um subordinado que lhe dê uma posição sobre a encomenda de uma impressora, ilustra muito dos pontos acima:

"No dia 7 de julho você me pediu para emitir um pedido de uma impressora colorida para nosso escritório. Naquele mesmo dia, entrei em contato com o pessoal de sistemas a fim de acertar a especificação para o equipamento. A pessoa de sistemas me disse que o tipo apropriado pode ser comprado de um revendedor autorizado e que há fundos para isso. No dia 9 de julho eu chamei o fornecedor pelo telefone e confirmei o preço exato (R$1.500.00). Ainda nesse mesmo dia, entrei em contato com Laura, do nosso departamento de compras, e preenchemos o pedido. No dia 11, o gerente do departamento de compras aprovou o pedido e autorizou remetê-lo à empresa fornecedora do equipamento. No dia 14 de julho confirmei que o pedido havia sido recebido pela fornecedora a qual me garantiu que a impressora estaria chegando aqui em nossa empresa amanhã às 9h30min."

Não teria sido melhor algo como:

"A impressora que você solicitou estará chegando amanhã às 9h30min. e custará R$ 1.500.00. O sistema de aprovação foi simples: o pessoal de sistemas rapidamente especificou o tipo mais adequado, compras me ajudou a preencher o pedido e finalmente a autorização pela gerência respectiva foi rápida."

---

[2] The Plain English Approach to Business Writing, Edward P. Bailey, Oxford University Press.

Veja que:

- O segundo memorando foi direto ao assunto – o destinatário já sabe a resposta que ele precisa já na primeira frase. Ocorre justamente o contrário no primeiro caso: é preciso ler todo o memorando para saber quando chega e custa a impressora!
- Os detalhes desnecessários que foram incluídos no primeiro memorando – é o costume de explicar tudo, "tintim por tintim!"
- Houve redução significativa de extensão do memorando – é muito mais atrativo ler um texto breve do que um longo.

Dicas específicas

Ao escrever procedimentos (principalmente operacionais):

- Use verbos na voz ativa: **ligue, feche, abra, interrompa, acrescente;**
- Comece pela ação principal, dando em seguida as justificativas: **"Confirme que a válvula V 1011 esteja fechada para evitar que o produto retorne ao tanque T 1099";**
- Se aplicável, inclua uma recomendação de segurança para o passo que você acabou de descrever: **"Confirme condições seguras de seu calçado e use luvas ao subir na escada do tanque T 1099 para acessar a válvula V 1011. Risco de escorregões/quedas".**

Em suma, você deve assegurar uma seqüência lógica ao escrever procedimentos:

1. Especificando o que precisa ser feito;
2. Justificando por que precisa ser feito; e
3. Acrescentado medidas de segurança (ou de saúde e/ou meio ambiente).

Talvez o modelo corriqueiro a seguir ilustre:

Procedimento Para Troca de Pneu em Rodovia

Etapa	Faça	Propósito	Precauções
1	Sinalize, aos outros veículos, da melhor forma que possa, que você tem um pneu furado.	Alertar outros veículos (tentando evitar colisões com você!)	Pare (no acostamento) o mais afastado possível da pista principal.
2	Coloque o triângulo de aviso no mínimo a 100 metros do seu veículo e de forma visível ao tráfego.	À distância, 100 metros correspondem a um "tempo" de reação de apenas 3 segundos para um veículo a 120 km/h.	Galhos de árvores (além do triângulo) que se colocam em incrementos de 50 metros do seu carro vão antecipar o processo de alerta dos veículos.
3	Avalie se "vale a pena" você mesmo trocar esse pneu.	As condições de segurança pessoal sua – e de sua família – podem ser mínimas conforme o local.	Solicite guincho ou socorro o mais rapidamente possível.
4	(O passo 3 permitindo a troca do pneu por você): Organize as ferramentas – chave de roda, pneu reserva, pano de proteção (se houver) de forma segura.	Reduzir o tempo de uso das ferramentas, especialmente se for ao lado imediato da pista.	Se possível, colocar ajudantes, convenientemente distantes, sinalizando.
5	Use calços nos pneus (pedras).	Para garantir imobilização do veículo.	Precauções adicionais se o declive da via for significativo.
6	Desaperte os parafusos da roda do pneu furado e em seguida levante a parte do veículo onde fará a troca do pneu e use um calço para sustentar o peso do veículo.	Despertar antes de levantar o veículo facilitará o processo de "afrouxar" os parafusos; O calço vertical garante que o veículo não "caia" sobre você.	Cuidado ao posicionar o calço de sustentação. Cuide para que suas pernas não estejam sob risco do tráfego!

Procedimento Para Troca de Pneu em Rodovia *(Continuação)*

Etapa	Faça	Propósito	Precauções
7	Apanhe o pneu step para substituir o furado, colocando-o ao lado daquele.	Facilitar a colocação do pneu reserva – já estará ao lado.	Cuidado com o tráfego atrás de você, se o lado do pneu é próximo à pista. Em particular, cuide em "não cair para trás!"
8	Retire o pneu furado, colocando-o em seu local próprio.	Facilitar sua remoção posterior para reparo.	Veja antes se o "caminho" está livre e cuidado com suas mãos e dedos ao assentar o pneu. Use luvas, se tiver.
9	Coloque o pneu reserva na posição e ajuste o aperto das porcas com as mãos. Retire o calço vertical e desça em seguida o macaco a fim de poder dar aperto final nas porcas.	Com o veículo "já descido", o atrito com o solo permitirá um aperto mais vigoroso com a chave de rodas.	Esteja atento ao retirar o calço para não ferir seus dedos ou mão. Retire o pneu furado, colocando-o em seu local próprio.
10	Recolha as ferramentas, o triângulo e coloque-os em seus lugares.	Para garantir que cada item esteja em seu lugar adequado sempre.	Cuidado com o tráfego (ao recolher o triângulo) e com as mãos ao colocar as ferramentas na posição.
11	Retire os calços das rodas e faça uma última verificação das condições do veículo antes de partir. Partindo, ganhe velocidade no acostamento antes de entrar na pista.	Adquirir velocidade compatível com o regime de tráfego antes de "entrar na pista" o protegerá de eventuais colisões traseiras.	Assegurar que você tenha boa visibilidade do tráfego que está vindo em sua direção antes de você partir.

Gilberto Maffei A. Sampaio

Resumo

Procedimentos escritos, especialmente os operacionais, podem gerar atos inseguros. Isso porque estão escritos de forma confusa e que os operadores não entendem. Ao acontecer um ato inseguro, tal poderá ser apenas falha do sistema gerencial e não – isoladamente – do operador. Quando isso ocorre, o melhor que se tem a fazer é reavaliar o procedimento submetendo-o a um JSA. O JSA sendo feito garantirá que todas as etapas do procedimento terão as devidas proteções (medidas preventivas). Mas também pode suceder que haja necessidade de reescrever o procedimento original por causa do excesso de palavras, pelo estilo muito particular com que tenha sido escrito (em "engenheirês"), contribuindo, portanto, a um nível de confusão que queremos evitar. A situação ideal é transcrever o texto em linguagem habitual daqueles que estarão usando tal procedimento rotineiramente. Melhor ainda, fazer com que os operadores envolvidos escrevam procedimento, sob orientação adequada, pois os resultados superarão todas as expectativas. O capítulo procura estimular o uso da voz ativa dos verbos, "ir direto ao assunto" e dar uma justificativa explicando por que tem de ser feito o que se recomenda fazer. Por último, se inclui uma recomendação de segurança para o passo – ou etapa – que se está examinando. Um procedimento para troca de pneu em rodovia foi tabelado na forma sugerida à guisa de exemplo.

CAPÍTULO 15

ESTUDO DE RISCOS 3 (HAZOP)

NADA DE NOVO SOBRE A TERRA

"O que aconteceu, acontecerá novamente, e o que foi feito será feito novamente."

Eclesiastes, capítulo 1, versículo 9 (1000 a.C., aproximadamente)

Para aqueles que já acumularam anos de experiência, não surpreende o fato de que muitos acidentes se repetem. "A história se repete..." "Mas eu disse que isso ia acontecer novamente!..." "Será que as pessoas não aprendem?..." As organizações vêm – e vão –, as pessoas mudam dentro dessas organizações e as lições, infelizmente, não são aprendidas.

Embora o Livro de Eclesiastes claramente indique uma inexorabilidade dos acontecimentos, compete a nós estabelecer medidas que venham a reduzir – idealmente eliminar – essa inexorabilidade. Dentro de nossa faixa de tempo, de nossa existência, devemos fazer tudo aquilo que esteja em nosso alcance para tanto.

Mas como? Os passos deverão conter como mínimo as seguintes iniciativas:

- Identificar os riscos, de forma contínua, estabelecendo medidas preventivas, corretivas e de controle;

- Treinar continuamente a organização não só na prática de reconhecer os riscos, como também de adotar comportamentos seguros de forma consistente e continuada;

- Inovar tecnicamente as instalações e processos de forma a inserir métodos operacionais intrinsecamente mais seguros;

- Criar – e manter – uma memória empresarial que mantenha sempre presente as lições aprendidas com os eventos do passado e de forma que nos permita evitar a repetição deles.

Este capítulo pretende abordar a técnica chamada de "Hazop", já consagrada nos meios industriais (principalmente na Europa e EUA) e que foi desenvolvida pelo Grupo ICI, da Inglaterra.

Vamos primeiramente explicar os termos de origem inglesa. *"Hazop"* vem da junção de duas palavras: *"Hazard"* e *"Operability"*. *"Hazard"* significa "perigo" e *"Operability"*, por sua vez, se traduz como "operabilidade". Finalmente, "ICI" representa as letras iniciais de *"Imperial Chemical Industries"*, um grupo inglês que opera internacionalmente no ramo químico.

A visão do todo

A técnica *"Hazop"* não está "solta", isolada. Ela faz parte de um todo e tem um papel específico a cumprir dentro desse todo. Resumidamente, vejamos o que é esse todo, do que se compõe e quais seus objetivos.

O Grupo ICI tem como norma aplicar continuamente uma técnica de análise de riscos em sua organização, não só para novos projetos, como também para as instalações existentes (para adequá-las aos padrões vigentes e ter controle de modificações, já que essas têm causado inúmeros incidentes e acidentes na história da indústria).

Tal técnica é internamente conhecida na ICI como "Estudos de Riscos", que se dividem em seis áreas (ou partes). O desenvolvimento a seguir está, evidentemente, resumido:

- Estudo de Riscos 1

    Esse estudo focaliza principalmente aspectos ocupacionais, principalmente saúde do trabalho, que possam ser causados pelos produtos a serem manipulados. Identifica potenciais danos ao meio ambiente pela ocorrência de derrames (quaisquer que sejam as razões desses derrames) que atinjam as galerias de águas pluviais. Avalia em detalhes quais autorizações legais são exigidas para o processo em questão. O Estudo 1 já é feito a partir de uma "idéia" de projeto (necessitando, é óbvio, de dados básicos do que se quer fabricar, quais matérias-primas são necessárias e quais suas propriedades físico-químicas).

- Estudo de Riscos 2

  Aqui, os "grandes riscos" são objeto de atenção detalhada. Quais as condições que propiciariam a ocorrência de incêndios e/ou explosões catastróficas? Intoxicações em massa? Tais condições são identificadas através de protocolos específicos, podendo ser quantificadas.

- Estudo de Riscos 3 – "*Hazop*"

  Essa técnica avalia em detalhe a instalação por meio de análise exaustiva de seu fluxograma, o qual mostra onde e como está armazenado um dado produto, onde é processado, em que condições (de pressão, temperatura) é processado, a natureza construtiva de suas linhas (tubulações) e equipamentos, entre outros dados. Dessa forma, os "pequenos riscos" são identificados, assim como aspectos de operabilidade. Como isso é feito será explorado mais adiante.

- Estudo de Riscos 4

  Com a instalação já montada, em sua fase final, há que se conferir detalhadamente se a realidade confere com o pretendido, isto é, "o que nós projetamos foi instalado"? Se houve mudanças, quais foram? Houve introdução de novos riscos? As ações preconizadas nos Estudos 1, 2 e 3 foram executadas? A documentação legal está preparada adequadamente? Os sistemas de emergência previstos em projeto estão em linha com as necessidades?

- Estudo de Riscos 5

  Uma vez que o Estudo 4 comprova a adequação física da instalação e **antes** que se coloquem produtos (matérias-primas e/ou produtos auxiliares no sistema), se realiza o Estudo 5 para verificações, como adequação de acessos e saídas, proteção das máquinas, tanto de partes móveis quanto a impactos que possam sofrer por veículos industriais (empilhadeiras principalmente). Superfícies quentes são examinadas – falta isolamento térmico? O isolamento feito é suficiente? As sinalizações (de segurança, de tráfego) são suficientes e adequadas? Existe suficiente capacidade de exaustão para gases, vapores, pós? Válvulas manuais são acessíveis? Caso sejam, o acesso é seguro?

- Estudo de Riscos 6

  Feita toda a série de Estudos – de 1 a 5 –, faz-se o Estudo 6, porém somente quando o projeto já está em plena operação. Tipicamente, se conduz o Estudo 6 três a seis meses após a partida do projeto. O que o Estudo 6 procura ver é: As intenções do projeto foram mantidas? Como a operação real se compara com a esperada? A documentação do projeto está completa? Como está o monitoramento ambiental sendo feito? O Estudo 6 pode levantar questões muito práticas e importantes para projetos futuros e disseminar informações valiosas para outras unidades da mesma organização.

As razões por trás disso tudo

Uma técnica tão abrangente – e a experiência prática comprova sua eficácia – não surgiria "do nada". Há que existir razões fortes para tal, e de fato as há. Não seria apropriado deixar de mencionar a ocorrência de eventos desastrosos (da indústria química, em particular) os quais, lamentavelmente, poderiam ter sido evitados com o uso – e aplicação – de técnicas como a do Estudos de Riscos da ICI, entre outras.

Para citar apenas alguns e começando com a própria ICI:

- Flixborough, Inglaterra

  Vazamento desastroso de ciclohexano (ponto de fulgor entre –17°C e –20°C), resultando incêndio/explosões, virtualmente destruindo toda a fábrica. Intensa repercussão na Inglaterra e mundialmente. Desastre ocorrido em 1 de junho de 1974, contabilizando 28 fatalidades e 104 feridos. Perdas estimadas em US$ 412 milhões.

- Seveso, Itália

    Contaminação de extensa área com o chamado "agente laranja" (Triclorodibenzoparadioxina – TCDD), acidente ocorrido em 10 de julho de 1976.

- Bhopal, Índia

    Vazamento de Isocianato de Metila, em 3 de dezembro de 1984, causando 2.500 fatalidades e hospitalização em massa (cerca de 200.000). Perdas estimadas em US$ 470 milhões.

Embora a técnica de Estudos de Riscos da ICI tivesse sido desenvolvida pouco antes (fim dos anos 60) desses acidentes, conseqüências com as dimensões, como acima vimos, ressaltaram a importância vital de não só aplicar mais amplamente técnicas de análise de riscos que objetivem evitar que tais catástrofes se repitam, como também adotar posturas gerenciais em linha com essa filosofia de trabalho.

Afinal, como funciona o Estudo de Riscos 3?

Conforme já vimos, o Estudo 3 é aplicável para projetos novos e instalações existentes (que não tenham ainda sido analisadas para riscos e/ou que tenham sofrido algum tipo de incidente operacional comprometendo a segurança/meio ambiente). Em qualquer um dos casos, faz-se necessário:

- Fluxograma que mostre detalhes quanto aos equipamentos, linhas, válvulas (manuais e de controle), instrumentação de controle. Em geral, tais fluxogramas são chamados de "fluxogramas de engenharia";

- Equipe que participará da análise. A composição ideal dessa equipe deverá incluir aquelas funções que estão "com a mão na massa" do processo sob análise. Dessa forma, é costumeiro ter na equipe: supervisor (e/ou encarregado) de produção, engenheiro de processo, engenheiro de manutenção (e/ou de engenharia), químico (se for o caso, dependendo do grau de detalhe que seja necessário quanto às propriedades químicas dos produtos) e outras funções que estejam envolvidas nesse processo produtivo;

Líder de Estudo de Riscos – tal líder deverá ter sido treinado na técnica de Estudos de Riscos a fim de permitir desenvolvimento fiel ao método. Normalmente, o líder tem experiência industrial, não necessariamente no processo em questão. Deverá ter habilidades interpessoais acima da média para motivar participação uniforme dos integrantes da equipe.

Reunindo a equipe

As reuniões de análise são, com freqüência, conduzidas diversas vezes por semana, dependendo da extensão do processo a ser analisado e do prazo disponível. Tais reuniões costumam ser longas, de até 8 horas/dia (no mínimo de 2 horas por vez). Deve-se dar preferência para reuniões mais curtas e espaçadas, já que o cansaço mental em tais eventos é intenso, fazendo com que os participantes percam o interesse com facilidade. Uma abordagem que costuma dar bons resultados é ter a freqüência estabelecida em duas vezes por semana, 2 horas por vez. Dessa forma, se evitam cansaço e tédio, permitindo participação mais ativa dos membros da equipe.

Como é conduzida a reunião?

Toda a análise segue uma seqüência predefinida de "palavras-guia", as quais disparam identificações de desvios operacionais, que tanto podem comprometer aspectos de segurança/saúde/meio ambiente, como aqueles de natureza puramente operacional (produtividade, qualidade).

Tais palavras-guia são (explicação de como aplicá-las virá mias adiante):

* **Não, Nada, Nenhum**

  A atividade que se pretende – seja um fluxo, seja uma adição de um componente – não é feita ou cessa.

* **Mais do que**

  Há aumento quantitativo na atividade: mais tempo, mais temperatura, mais fluxo.

* **Menos do que**

  Há diminuição quantitativa na atividade: menos fluxo, menos temperatura, menos fluxo.

* **Além do que**

  Uma atividade adicional ocorre em adição à atividade principal: impurezas presentes, fase extra (sólido ou gás no líquido).

* **Parte de**

  Desempenho incompleto de uma atividade: concentração reduzida, componente faltante, operação parcialmente completada.

* **Reverso**

  Inversão do sentido da atividade: fluxo reverso, pressão que retorna, aquecimento em vez de resfriamento.

* **Mais cedo/mais tarde**

  A atividade ocorre temporalmente antes ou depois do momento especificado: adição de um catalisador após o momento X no qual ele deveria ter sido adicionado.

* **Outro**

  Completa substituição da atividade: outro material, completamente distinto, é adicionado (transferido, carregado, alimentado). Inclui também falha de serviços (ar-comprimido, caldeiras a vapor, eletricidade).

Um exercício prático e simples

Vamos fazer uso das palavras-guia para identificar os desvios (que tenham significado prático) de um processo extremamente corriqueiro: *beber um copo de água*, conforme mostra a figura a seguir:

Figura 12

Para que a senhora da figura possa beber água, ela terá que primeiramente encher o copo com água. Dessa forma, a intenção que se define será:

"Encher um copo de 200 mililitros com água, abrindo-se a torneirinha do garrafão."

Os detalhes constantes da tabela que abaixo construiremos deverão esclarecer os princípios básicos da aplicação das palavras-guia do Estudo de Riscos 3.

Estudo de Riscos 3 (Hazop)

Intenção: encher um copo com 200 mililitros de água, abrindo-se a torneirinha do garrafão.				
Palavra-guia e desvio	Razões que explicam o desvio	Efeitos e riscos na operação	Medidas preventivas, corretivas	Quem faz o que e quando
Não (Nada ou Nenhum) Não há fluxo de água ao se abrir a torneirinha.	1. O garrafão está vazio; 2. A torneirinha "emperrou" na posição fechada; 3. Há uma obstrução – ou na entrada da torneirinha ou dentro dela.	1. Atraso da intenção – há que se trocar o garrafão. Riscos ergonômicos na troca do garrafão; 2. Idem ao item 1 – ou para reparar a torneira ou substituí-la. Além do risco ergonômico (tem-se que esvaziar o garrafão), há o potencial de ferimento ao manusear ferramentas; 3. Idem ao anterior – há que se remover a obstrução. Para tanto, há necessidade de esvaziar o garrafão, repetindo-se os potenciais já identificados.	1. Assegurar que a pessoa que fará a troca tem a força física para a troca, bem como garantir limpeza adequada das partes do garrafão que se apóiam na base (saúde!); 2. Além das precauções do item 1, garantir que a pessoa usará ferramentas adequadas e que tem o preparo para o uso delas; 3. Mesmas precauções do item anterior.	1, 2 e 3: Coordenação do Sr. Fulano de Tal, chefe do setor X para o dia aa/bb/cc.

Palavra-guia e desvio	Razões que explicam o desvio	Efeitos e riscos na operação	Medidas preventivas, corretivas	Quem faz o que e quando
Mais do que (Mais água do que a intenção definida é transferida ao copo)	1. A torneirinha abriu e "emperrou" na posição aberta; 2. A senhora se distraiu e não percebeu que o copo já estava cheio; 3. A senhora cometeu erro visual (estava sem óculos)	1, 2 e 3. Água derramou no piso: riscos de quedas por escorregamento e atraso na realização da intenção;	1. Reparar ou trocar a torneirinha; 2. Identificar se as razões para a distração são sérias o suficiente para justificar pesquisa mais profunda dos porquês dessa distração; 3. Recomendar que a senhora use sempre seus óculos.	1. Sr. Sicrano de Tal – Seção A; 2. Recursos Humanos (psicóloga); 3. Médico (da empresa, se houver, confirmará a acuidade visual da senhora com e sem os óculos.
Menos do que (Menos água do que a intenção definida é transferida ao copo)	1. Água do garrafão acabou antes de "encher" o copo; 2. A senhora se distraiu e "errou" a posição do copo em relação ao fluxo de água, fazendo com que a água caísse ao piso; 3. Pura "pressa" da senhora – não esperou o copo encher na quantidade especificada.	1. Trocar garrafão - efeitos e riscos já identificados; 2. Riscos de queda por escorregamento e atraso na execução da intenção; 3. Falta de atendimento ao especificado da intenção.	1. Mesmas ações já definidas em itens anteriores; 2. Idem acima; 3. Verificar as razões da pressa da senhora e estabelecer conduta para evitar repetição desse comportamento.	1. Troca imediata do garrafão: Sr. Sicrano de tal; 2. RH para investigar as razões pela distração da senhora – dia uu/vv/xx; 3. Chefe imediato da senhora – dia D + 1.

Palavra-guia e desvio	Razões que explicam o desvio	Efeitos e riscos na operação	Medidas preventivas, corretivas	Quem faz o que e quando
Além do que (Substâncias ou produtos outros também estão presentes na água, além dos níveis "normais".)	1. Excesso de cloro na água; 2. "Gosto de sabão" na água (ao trocar o garrafão, a pessoa passou um pano úmido que continha sabão nas superfícies que contatam o garrafão).	1. Eventual efeito à saúde e atraso na execução da atividade (troca de garrafão); 2. Mesmos efeitos descritos acima.	1. Reclamar com o fornecedor do garrafão a qualidade da água; 2. Estabelecer procedimento padrão para a troca adequada de garrafões de água.	1. Supervisor de Compras – até dia aa/bb/cc; 2. Sr. Sicrano de tal – até dia mm/nn/oo.
Parte de (A concentração está abaixo do especificado – o produto contém apenas "parte de" que era esperado.)	Teor especificado de água pura era de 99,8%, porém teor real veio com 98.5%, sendo a diferença constituída de sólidos.	Efeitos à saúde dependendo da natureza química dos sólidos. Eventual sensação de "areia" na boca.	Análise completa da água quanto à constituição química dos sólidos será feita.	Supervisor de Compras para solicitar análise independente do fornecedor – até dia aa/bb/cc.
Reverso (há inversão do sentido "normal" da atividade.)	A senhora encheu o copo, não gostou do gosto da água e "retornou" o conteúdo restante ao garrafão.	Potencial de transmissão de doenças às outras pessoas.	Compor procedimento que especifica sanções disciplinares para tais casos (e similares).	Sr. Sicrano de tal – até dia xx/yy/zz.

Palavra-guia e desvio	Razões que explicam o desvio	Efeitos e riscos na operação	Medidas preventivas, corretivas	Quem faz o que e quando
Mais cedo/mais tarde (A atividade se inicia antes ou depois do momento especificado.)	A senhora abriu a torneirinha antes de colocar o copo em baixo da torneirinha.	Água no piso e atraso na execução da atividade. Riscos de quedas, conforme já visto.	Investigar as razões pelas quais a senhora está desatenta.	RH – até dia dd/ee/ff.
Outro (Completa substituição da atividade pretendida – transferir água para um copo.)	O garrafão colocado não continha água, mas sim "vinho branco". Houve engano do fornecedor!	"Revolução" no escritório! Afluxo exagerado de funcionários "bebendo água" desse garrafão!	Reclamar com o fornecedor, chegando mesmo a excluí-lo do rol de fornecedores (se o pessoal concordar...!)	Supervisor de Compras – até dia aa/bb/cc.

Comentários

- A aplicação de uma palavra-guia força define qual desvio operacional ocorrerá. Em seguida, há que se indicar os motivos, as razões pelas quais o desvio acontece (pode haver mais de um motivo para um mesmo desvio). Ligados aos motivos, estão os efeitos decorrentes sobre a operação: tais poderão comprometer segurança (assim como saúde e meio ambiente) e/ou produtividade/qualidade. Para tais, deveremos apontar quais as medidas preventivas e/ou corretivas. Por último, quem faz o que para cada ação preventiva/corretiva indicada;
- A tabela anterior resume de forma muito simplificada o processo usado para o Estudo 3, mas provavelmente dá uma boa idéia de como funciona o método;
- Nem sempre uma dada palavra é aplicável: depende da natureza do processo, do tipo de equipamento e até mesmo de procedimentos operacionais. Por exemplo: no caso da palavra-guia **Reverso** acima, para o tipo de instalação montado (garrafão), essa palavra não seria aplicável, pois não há um meio prático de retornar a água do copo ao garrafão (como seria o caso de um "filtro" ou "moringa"). Em uma instalação em que possa haver fluxo de um sentido para outro – via tubulação – e diferencial de pressão, a possibilidade de fluxo reverso torna-se possível;
- Em um caso real, especialmente em processos produtivos contínuos, o método prescreve que se analise linha por linha do fluxo, de equipamento a equipamento, abrangendo sistemas de instrumentação e de serviços;
- Em processos por batelada, se analisa cada etapa, aplicando-se as palavras-guia à dinâmica do processo (agitar, aquecer, esfriar);
- É muito importante definir a parte do processo que se analisará, ou seja, qual a intenção a ser fixada para aquela parte. Aqui, existe ampla flexibilidade por parte do líder do Estudo em escolher os parâmetros que sejam mais relevantes ao processo em pauta. Se,

por exemplo, para um dado processo a temperatura se reveste de muita importância, o líder poderá elegê-la com destaque: "Aquecer e manter à temperatura de 128º centígrados e por uma hora a massa do reator ABC." Assim, as palavras-guia focalizarão em específico os desvios em relação à temperatura fixada;

- Pode-se concluir tranqüilamente que o método, além de laborioso, poderá ser muito demorado para sua conclusão. Basta analisar um processo produtivo em que o número de linhas (ou seja, as instalações incluem inúmeras tubulações ligando os diversos equipamentos) seja significativo;
- O método poderá ser muito útil ao treinamento do pessoal operacional: basta percorrer linha por linha das planilhas analisadas e comentar quais os desvios, os riscos correspondentes e que se deverá fazer para neutralizar tais riscos;
- As planilhas também servem como documentação sólida frente a auditorias (Segurança Industrial), sejam internas, sejam externas.

Resumo

Muitas organizações têm pouca memória e, portanto, se fazem vítimas de acidentes que se repetem. Existe, contudo, uma certa inexorabilidade dos eventos. O preço sendo pago, no entanto, é alto demais, não só em sofrimentos (que incluem perda de vidas), como também em dispêndios desproporcionais de recursos financeiros e, eventualmente, perda da imagem e reputação da empresa.

A indústria química foi protagonista de inúmeros desastres industriais, fazendo com que sua imagem alcançasse níveis baixíssimos com o público. Chernobyl, Bhopal, Seveso são casos freqüentemente citados.

Já existem, no entanto, técnicas de análise de riscos que, se bem aplicadas, podem em muito evitar que eventos desastrosos aconteçam, ou, pelo menos, que as conseqüências sejam significativamente reduzidas.

Uma das técnicas disponíveis diz respeito ao método de "Estudo de Riscos" da companhia inglesa ICI (*Imperial Chemical Industries*). Tais estudos são compostos de seis partes, sendo que a parte 3 se refere ao método popularizado como "*Hazop*" (palavra que vem da junção de *Hazard* e *Operability*). *Hazard*, em inglês, significa "Perigo" e "*Operability*", "Operabilidade. Como na prática se faz mais uso da palavra "Risco" do que propriamente "Perigo", preferiu-se o uso mais consagrado de "Risco".

Por último, usou-se um caso bem corriqueiro para dar uma idéia de como o método do Estudo 3 – *Hazop* – pode ser empregado. O resultado da análise toma a forma de uma tabela, na qual os desvios operacionais são identificados, quais as razões para tais desvios, os riscos operacionais que eles causam, quais seriam as medidas preventivas e/ou corretivas aplicáveis e quando serão indicados para concluir tais ações.

CAPÍTULO 16

PLANOS DE EMERGÊNCIA

SEMPRE ALERTA?

As organizações são, muitas vezes, colhidas de surpresa com eventos que fogem ao controle e que passam – rapidamente – para uma crise. Crise que pode significar substantivas perdas financeiras, de ativos e – pior – perda de imagem e reputação.

Mas se uma empresa adota com fidelidade princípios preventivos de Segurança Industrial, por que acontecem emergências? Significaria então que a empresa não os aplicou conforme deveria? Ou, em contrapartida, seria a inevitabilidade dos eventos, independentemente dos cuidados tomados?

A questão se liga provavelmente às inúmeras variáveis que cercam uma atividade industrial e sobre as quais nosso controle pode variar de 0 a 1. 0 (zero) aqui significa pouco ou nenhum controle e 1, controle próximo ao total. Tais valores podem variar com as circunstâncias e até mesmo com o passar do tempo. Em um dado momento, podemos ter ótimo controle – próximo a 1 – de nossos procedimentos. Mas tais procedimentos dependem, por sua vez, do preparo técnico e psicológico de nosso pessoal, os quais podem variar, para mais ou para menos.

As condições atmosféricas, por sua vez, podem desempenhar um papel determinante de muitas ocorrências – basta que descargas elétricas atinjam pontos e partes sensíveis de nossa fábrica para que tenhamos um cenário de difícil controle. Descargas atmosféricas são apenas uma das possibilidades quanto ao controle – que não temos – sobre o Tempo.

A frase muito conhecida dos escoteiros "Sempre Alerta!" aplica-se como uma luva no caso de preparo para emergências. Este capítulo pretende apenas apresentar alguns conceitos básicos para o preparo de um plano de emergência que seja suficientemente prático e naturalmente "adotado" pelas pessoas da organização. Elaboração mais completa e detalhada dependerá de consultas à literatura mais especializada.

A adoção de um plano – o caminho das pedras

Muitas empresas "copiam" planos de emergência de outras empresas, consideradas "top de linha" nessa área. Conquanto não seja errado adotar como referência (*benchmarking*) bons planos, a qualidade intrínseca de tais planos se evapora se o pessoal não internalizar as medidas que o plano apresenta.

Há que se observar também que cada organização tem suas próprias características e personalidade. A roupa que a veste pode não "servir" em outra organização, o que explicaria o fracasso da maior parte da adoção de planos "prontos" de outras empresas.

Planos extensos, tomando a forma de manuais volumosos, podem ser um obstáculo a um bom desempenho na execução do plano. O que conta na "hora do sufoco" são os procedimentos ajustados à situação enfrentada e que, por sua vez, dependem de treinamentos contínuos.

Um sistema que tem funcionado bem implica envolver os elementos da empresa em sistematicamente identificar o que pode acontecer de errado em seus setores e como tal evento pode se propagar, se alastrar. O processo requer algum tempo para ser completado, mas proporciona elevado senso de propriedade por parte das pessoas envolvidas em seu preparo.

A maneira de consolidar a informação levantada, se disposta de forma atrativa e de fácil compreensão, se presta muito bem a treinamentos. Um pouco mais adiante, vamos apresentar uma sugestão de uma maneira de compor esse material.

Abordagem sistemática

O método sugerido se apóia em desenvolver as informações que sejam pertinentes a cada um dos tópicos a seguir:

Eventos Primários

São quaisquer acontecimentos – operacionais ou não – que iniciam, ou possam reunir as condições para gerar, situações de emergência.

Primeiras Ações

São aquelas ações que visam a neutralizar ou abortar a evolução do evento primário em questão.

Recursos Básicos

Os recursos básicos são as ferramentas, os procedimentos que devemos usar ao aplicar as primeiras ações.

Treinamento Essencial

O treinamento essencial visa a capacitar as pessoas a tomarem as primeiras ações, usando os recursos básicos apropriados, de forma competente e ágil.

Dessa forma, cada setor deve identificar as possibilidades de desvios operacionais que possam ocorrer e de maneira a estabelecer as medidas necessárias para enfrentar as situações previstas.

E se ocorre algo que não está previsto, como é que ficamos? A realidade prática nos diz que se nos preparamos para enfrentar desvios – embora não exatamente coincidentes com os previstos –, muitas primeiras ações, recursos básicos e treinamentos correspondentes serão semelhantes entre si. É bom ter isso sempre em mente.

Pondo a mão na massa

É muito importante designar uma pessoa da organização que tenha experiência apropriada para conduzir um exercício dessa natureza. A escolha das equipes que farão o trabalho detalhado é igualmente importante.

Somente à guisa de exemplo, no caso de uma empresa cuja operação envolva uso de solventes inflamáveis, duas equipes podem ser constituídas: a primeira examina as diversas situações que podem gerar vazamentos ou derrames – ou seja, quais **eventos primários** podem ocorrer e que dão a condição potencial para incêndios. A segunda equipe examina as medidas a tomar no caso de incêndios e/ou explosões, preocupando-se não somente com as fontes de ignição que possam iniciar um incêndio, como também a melhor maneira de combate ao fogo e a minimização das conseqüências de explosões.

Tabelando

Uma maneira boa de organizar o levantamento das informações é através de uma tabela, a qual se preencherá conforme o levantamento que as equipes de trabalho forem estabelecendo ao longo desse trabalho. Sugere-se uma tabela conforme se vê a seguir:

Eventos Primários	Primeiras Ações	Recursos Básicos	Treinamento Essencial

Fazendo uso de um exemplo envolvendo gás GLP em uma residência, poderíamos colocar um dos eventos primários como sendo:

Eventos Primários	Primeiras Ações	Recursos Básicos	Treinamento Essencial
Mangueira de plástico que conduz o GLP do botijão ao fogão rompe-se (devido ao calor na parte traseira do forno), liberando gás no ambiente da cozinha.	1. Fechar a "torneirinha" do botijão de gás; 2. Arejar o ambiente pela abertura de janelas e portas; 3. Desligar a energia elétrica na entrada de força elétrica da residência.	Conhecimento e desenvoltura para realizar as ações 1, 2 e 3.	Saber como desligar a entrada de força elétrica na residência.

• • • Planos de Emergência

À medida que outros eventos primários são identificados, se relacionam as primeiras ações que visam a neutralizá-los, bem como quais recursos básicos seriam requeridos e que tipo de treinamento teria de ser dado para usar tais recursos.

Da tabela para o fluxograma

Após completar a tabela com os eventos primários julgados possíveis de acontecer, sugere-se transferir toda a informação assim consolidada para um sistema gráfico, em forma de fluxograma, o qual facilita compreensão e treinamento das pessoas.

O fluxograma obedece às convenções sugeridas a seguir:

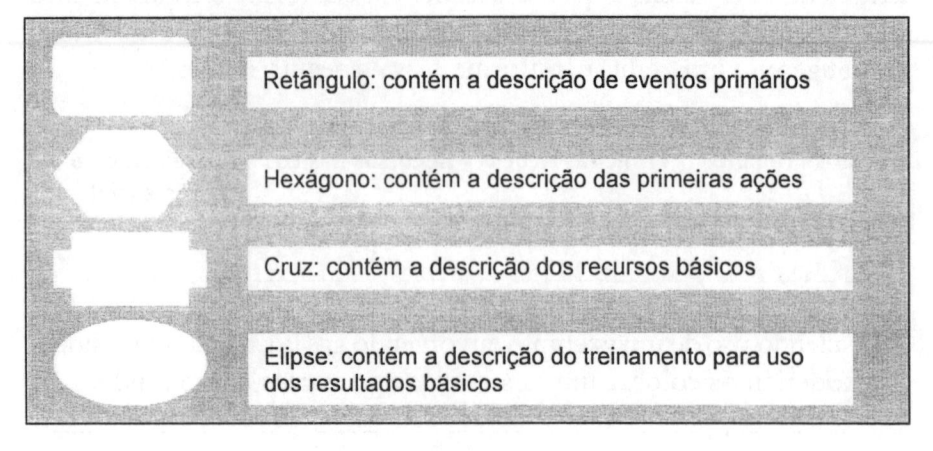

- Retângulo: contém a descrição de eventos primários
- Hexágono: contém a descrição das primeiras ações
- Cruz: contém a descrição dos recursos básicos
- Elipse: contém a descrição do treinamento para uso dos resultados básicos

Figura 13

Voltando ao exemplo do vazamento de gás de GLP e colocando-o na forma de fluxograma, teríamos:

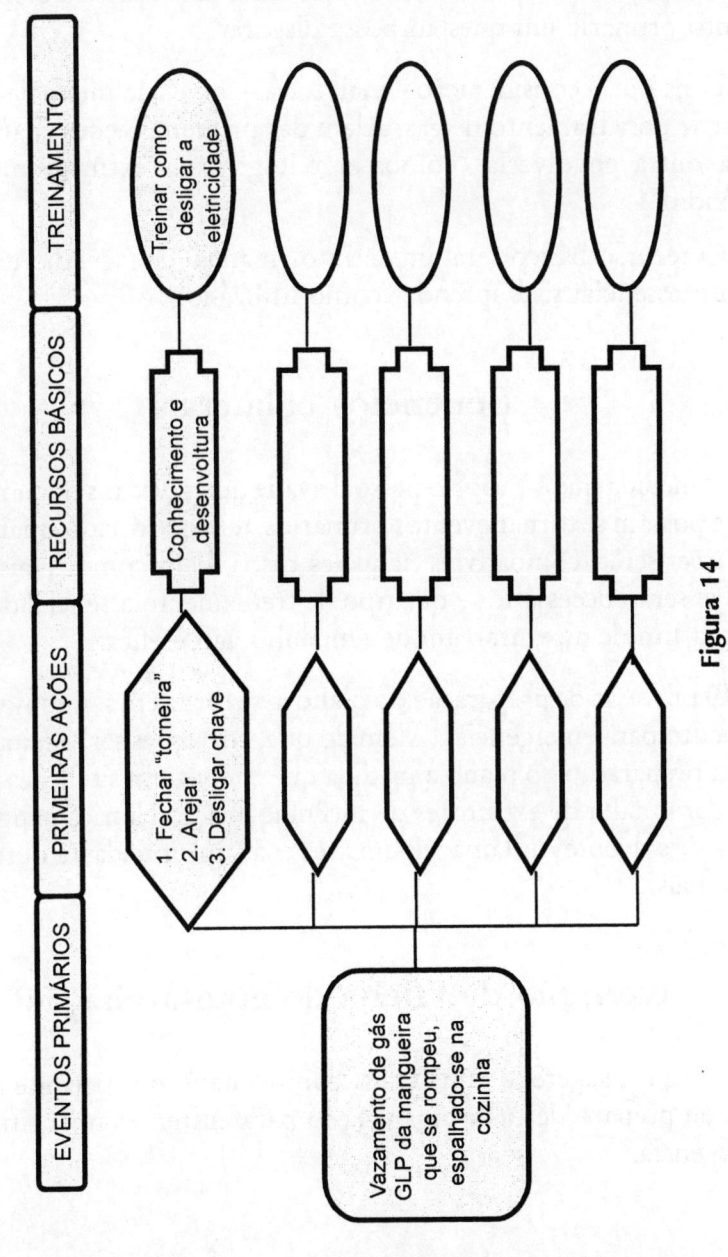

COZINHA DA RESIDÊNCIA DO SR. FULANO DE TAL

| EVENTOS PRIMÁRIOS | PRIMEIRAS AÇÕES | RECURSOS BÁSICOS | TREINAMENTO |

- Vazamento de gás GLP da mangueira que se rompeu, espalhado-se na cozinha
  - 1. Fechar "torneira"
  - 2. Arejar
  - 3. Desligar chave
    - Conhecimento e desenvoltura
      - Treinar como desligar a eletricidade

Figura 14

As figuras "em branco" estão reservadas para ações adicionais que o evento primário em questão possa disparar.

Uma outra consideração – mais séria – seria a do início de incêndio a partir do vazamento de gás. Além das primeiras ações já apontadas, uma outra envolveria "combater o fogo com extintor manual de incêndio".

O recurso básico será um extintor manual de incêndio e o treinamento essencial será aprender como utilizá-lo.

Benefícios colaterais

À medida que o próprio pessoal avalia quais desvios podem ocorrer e que possam se tornar eventos primários, terá que decidir quais primeiras *ações* serão compatíveis naqueles casos, bem como quais *recursos básicos* serão necessários e que tipo de treinamento essencial deverá ser dado a fim de assegurar um desempenho ágil e eficaz.

O processo de preparação do plano já se torna em si mesmo um treinamento para emergências. Além do que, correções serão feitas ao longo da preparação do plano à medida que encontrem situações irregulares (como falta de extintores de incêndio, fiação elétrica exposta, presença de solventes inflamáveis em áreas não apropriadas, e outras situações mais).

Exemplo de "ficha de auto-avaliação"

A seguir, sugere-se uma ficha, com 15 itens, que permite avaliar o grau de preparo de uma organização para enfrentar uma situação de emergência.

Fábrica ou Unidade:
Local:
Data:

Preenchido por: **Função:**

Participantes:

Avaliação:
Item atendido, **valor 1**. Item não atendido, **valor 0**. **"NA"**: item não aplicável

Descrição		1	0	NA
1	Avaliou-se propagação externa de situações de emergência?			
2	Riscos de assaltos ou de outros eventos de Segurança Patrimonial?			
3	Telefones (pessoal interno e ajuda externa) atualizados e acessíveis?			
4	Equipamentos para emergências, compatíveis com as necessidades?			
4.1	Extintores de incêndio, portáteis e de "carro"?			
4.2	Recursos para contenção de grandes derrames?			
4.3	Recursos para pronta comunicação? (tipo HT – "walkie-talkies")			
4.4	Ferramentas, não só de pequeno porte, mas também de porte pesado?			
4.5	Recursos para sinalização rápida? (cones, fitas coloridas de plástico)			
5	Há boa manutenção dos equipamentos de emergência?			

Continua

Descrição		1	0	NA
6	O pessoal interno sabe como manuseá-los?			
7	Há procedimentos de emergência, compatíveis com as necessidades?			
7.1	Praticando chamada telefônica de pessoal-chave?			
7.2	Testando como funcionam os equipamentos de emergência?			
7.3	Verificando o treinamento da brigada de incêndio?			
7.4	Verificando se funcionam bem os sistemas de comunicação?			
7.5	Se os gerentes/diretores da organização são facilmente localizáveis?			
7.6	Se existe listagem de autoridades a serem contatadas?			
8	Os procedimentos de emergência especificam quem faz o quê?			
9	Tais procedimentos estão facilmente acessíveis?			
10	Os procedimentos são treinados à freqüência indicada?			
11	Os pontos de encontro foram definidos (para abandono de prédios)?			
12	Hospitais próximos estão preparados para atender a emergências?			
13	Há entendimentos com o Corpo de Bombeiros mais próximo?			
14	Há entendimentos com companhias de seguros, se necessário?			
15	Há entendimentos prévios com a Imprensa, a fim de "aproximá-los"?			

Continuação

Avaliação

A listagem acima "pretende servir como "guia". O sistema de pontuação apenas quantifica o resultado global e caberá à própria organização qual valor mínimo ela aceitará.

É bem provável que seja necessário incluir itens nessa listagem para se ajustar às necessidades da organização.

Resumo

Emergências costumam se repetir nas organizações, especialmente aquelas que operam com produtos de propriedades "condizentes" com emergências, tais como toxicidade, inflamabilidade, explosividade.

O "empréstimo" de um plano de emergência de outra empresa – ou a conjunção de diversos planos de emergência de várias empresas – pode resultar em fracasso total, não somente por eventualmente não reconhecer certas particularidades da empresa que está se preparando para enfrentar emergências, como também pelo fato de o pessoal "rejeitar" o corpo estranho.

O ideal é que um plano, ao ser preparado, seja "adotado", isto é, o pessoal se sente "dono" dele. Quando isso acontece, as chances de sucesso são maiores. O processo proposto neste capítulo pretende sugerir um método que não só facilita a "adoção", como também se torna, em si mesmo, um treinamento. Como efeito – positivo – colateral, à medida que o plano vai sendo preparado correções às instalações são feitas (presença de inflamáveis em locais não apropriados, fiação elétrica fora de padrão, velocidade interna de caminhões incompatível com os regulamentos internos, entre outros).

O método preconiza que equipes identifiquem, em seus setores, o que pode acontecer de errado e que possa iniciar uma emergência. Para

••• Planos de Emergência

cada evento identificado, a equipe decide quais primeiras ações são recomendadas para neutralizar o evento em questão. Para essas, são indicados quais recursos básicos são necessários e qual treinamento essencial capacitará o uso desses recursos básicos para uso nas primeiras ações.

Essa avaliação sistemática é colocada em uma tabela, a fim de ordenar os trabalhos:

Eventos Primários	Primeiras Ações	Recursos Básicos	Treinamento Essencial

A seguir, podem-se resumir as informações da tabela em um fluxograma no qual cada um dos tópicos da tabela tem uma forma gráfica predefinida. Tal fluxograma se presta muito bem para treinamentos, podendo constar de quadros de aviso internos (a fim de que o pessoal possa continuamente se informar das medidas a serem tomadas).

Por último, apresenta-se uma listagem de verificação que permite auto-avaliação do grau de preparo de uma organização para enfrentar uma emergência.

CAPÍTULO 17

MODIFICAÇÕES

O QUE TEM A VER?

À primeira vista, o que tem a ver uma modificação com segurança? "Se as pessoas fizerem tudo certinho, não devo ter razões para me preocupar – afinal, minha cesta já está cheia." "E, além do que, modificações fazem parte do dia-a-dia das organizações."

Não há dúvida de que modificações fazem parte do dia-a-dia das organizações. Embutido nelas podem estar contidas condições – de conteúdo, de construção, de projeto – que talvez sejam incompatíveis com os sistemas receptores dessas modificações.

Exemplos? Um utensílio doméstico, para a cozinha, de vidro à prova de calor, é trocado por outro que não o é. Resultado? Quebra do recipiente, por choque térmico ou simples expansão intolerável às características do novo utensílio. Perda do conteúdo, do próprio recipiente e, possivelmente, um acidente com lesão.

A indústria tem registrado inúmeros casos de acidentes – e incidentes – cujas origens estão em modificações feitas – sejam elas de processo, de formulação, sejam de natureza do material. O caso anteriormente citado no Capítulo 15, Estudo de Riscos 3 (*Hazop*), menciona o desastre industrial de conseqüências gigantescas que a ICI (*Imperial Chemical Industries*) sofreu na Inglaterra em 1974 e que foi originado por uma modificação totalmente inadequada.

Naquele caso, uma junta flexível, ligando equipamentos contendo Ciclohexano (altamente inflamável), foi substituída por outra, feita no próprio local e que não resistiu às vibrações mecânicas do sistema, vindo a romper e permitindo a liberação de toneladas do produto pela fábrica. Uma fonte de ignição apenas foi o suficiente para propagar incêndios e explosões em toda a fábrica.

"Mas minha fábrica – ou estabelecimento – é pequena e não está sujeita a esse tipo de coisa!" Modificações (inadequadas) em pequenas organizações causam também problemas – em qualidade (do produto, do serviço prestado) e igualmente em segurança, saúde e meio ambiente. Basta que ocorram derrames com contaminações não só dos funcionários, como também do sistema de águas pluviais.

Mas, o que tenho de fazer?

Este capítulo pretende apresentar um sistema para controlar modificações. Tal sistema está montado para se adequar às pequenas organizações e pode, é claro, ser adaptado às características de cada empresa, conquanto se analisem profissionais e competentes.

Quais seriam os fatores principais a considerar?

Duas perguntas se destacam aqui:

1. Qual é o objetivo da modificação proposta?

2. A situação existente, anterior à modificação, realmente justifica a mudança proposta?

Se respondermos muito rapidamente a pergunta nº 1, corremos risco de termos problemas. Inúmeras vezes, os objetivos que se propõem para as modificações são superficiais e/ou não esclarecedores e não justificam os esforços a serem despendidos. Pior, muitas vezes, não resolvem absolutamente a questão.

A segunda pergunta está naturalmente ligada à primeira. São inúmeros os casos que na realidade *não necessitavam* de uma modificação! Convém, portanto, insistir na análise se a modificação proposta realmente resolve o problema apresentado pela situação anterior.

• • • Modificações

É altamente recomendável que se avaliem modificações propostas, de preferência seguindo as diretrizes seguintes:

- Use um formulário para analisar todas as modificações e arquive-as para fácil referência posterior;
- Modificações não aprovadas também devem ser registradas formalmente e, como as aprovadas, devem ser arquivadas;
- Envolva as pessoas que estão com "a mão na massa" – a experiência delas pode evitar gastos desnecessários e perda de tempo;
- Se houver "velhos de casa", ainda na empresa, mas que estão em outros setores, vale à pena consultá-los! Tais pessoas são verdadeiros arquivos de conhecimento e experiência;
- É altamente recomendável treinar as pessoas da organização em reconhecer quando há uma modificação. Elas ajudarão a empresa em alertar os responsáveis a fim de que iniciem um processo de análise disciplinado, evitando problemas potenciais típicos.

Mas o que vem a ser afinal uma modificação?

As diretrizes que se seguem podem ajudar se uma empresa está diante de uma modificação:

- A especificação do item que entra difere, além de certos limites, do item que sai;
- A maneira de se conduzir a atividade – ou a operação – difere da maneira anteriormente aprovada;
- Houve introdução de uma nova substância – ou produto – no processo;
- Mudanças em *layout* de prédios, em estruturas de tubulações (*piperacks*);
- Mudanças em sistemas de elevação – talhas, guinchos e assemelhados;

- Mudanças em "software" que controlam sistemas operacionais;
- Mudanças que possam afetar licenças operacionais concedidas pelas autoridades;
- Mudanças que façam com que limites especificados por padrões de engenharia, internacionalmente aceitos, não sejam observados.

E quando uma mudança não é uma modificação?

Os seguintes casos se destacam:

- O item que entra tem as mesmas especificações que o item que sai;
- Quando a coincidência da especificação não é exata, porém, na opinião de uma pessoa qualificada, ela é semelhante e não compromete o desempenho, nem tampouco a segurança;
- O novo valor de uma atividade operacional está dentro de uma faixa previamente estabelecida e aprovada;
- Quando limites já consagrados por padrões internacionais são observados.

E modificações temporárias? E aquelas feitas em emergência?

Ambas devem ser analisadas, embora, à primeira vista, não pareça prático. As modificações temporárias não deixam de oferecer riscos por serem temporárias. Aliás, por serem de natureza temporária é que podem oferecer riscos!

Quanto às de emergência, o que se procura fazer é analisá-las tão logo a razão da emergência tenha passado. Tal procedimento pode evitar problemas que resultariam um pouco mais à frente, justamente por causa de certas características da modificação feita.

Não é incomum um encarregado de turno ter que fazer certas modificações, "no meio da noite", a fim de atender às necessidades operacionais. Também essas devem ser analisadas no próximo expediente útil a fim de obedecer ao sistema de controle estabelecido pela organização.

Sugestão de um formulário para controle de modificações

O formulário proposto a seguir está dividido em duas partes: a primeira apresenta alguns campos que permitem análise das implicações da mudança proposta.

A segunda contém uma listagem de verificação que pretende alertar, a quem avalia, se há riscos, óbvios ou não, naquilo que se pretende fazer.

Recomenda-se fortemente que sejam feitas comprovações, no local proposto da mudança, conforme descrito no formulário de avaliação. Algo pode ter mudado entre a proposição da mudança e a avaliação formal no local, o que pode ter inserido novos riscos, não anteriormente identificados.

Os campos contêm termos que são auto-explicativos e que não deverão constituir surpresa – ou novidade – para empresas, qualquer que seja a natureza de suas operações.

O leitor deverá ter em conta que o formulário desempenha apenas o papel de um modelo. Cada empresa, que ainda não usa um sistema de controle de modificações, deverá avaliar a composição e o estilo do seu formulário de forma a melhor atender às suas próprias particularidades e objetivos.

Um sistema que tem dado certo na prática, é desenvolver um formulário experimental. Assim, ao cabo do prazo especificado da experiência ter-se esgotado, implantam-se as observações pertinentes.

Número dessa modificação: Data: Título da modificação: Dados básicos da modificação: Local exato: Quem propõe a modificação: Quem aprova a modificação:
Descrição da modificação: (anexar esquemas e/ou desenhos, especificações etc.)
Objetivo ou propósito da modificação: relate os benefícios (monetários, de produtividade, qualidade), a melhoria de Segurança, Saúde e Meio Ambiente etc.
O proponente e aprovador avaliaram essa modificação e a consideram segura para implantá-la.   Proponente :   Data :   Aprovador :   Data :
Não-aprovação: O aprovador não autoriza essa modificação pelas seguintes razões:
Recomendo Avaliação de Riscos Especializada   Sim: Não: Aprovador :   Data :   Verificação no local (pelo aprovador) para garantir início seguro de operação dessa modificação
A modificação foi feita conforme planejado e está segura para iniciar   Aprovador: Data: Observações e recomendações do aprovador:

••• Modificações

Checklist de verificação para identificar situações inseguras:				
Pergunta	Sim	Não	NA	Especificação/ Comentários
1. Estou retirando algo? Especificar:				
2. Estou acrescentado algo? Especificar				
3. Estou substituindo algo? Especificar				
4. Estou alterando um procedimento?				
5. Estou mexendo na estrutura de algo?				
6. Estou mexendo com parte elétrica?				
7. O trabalho será em altura?				
8. O trabalho será em espaço confinado?				
9. Que ferramentas serão usadas?				
10. Vai haver solda? Maçarico?				
11. O trabalho será solitário?				
12. O trabalho envolve produtos químicos?				
13. O trabalho envolve embalagens?				
14. O trabalho altera rotulagem?				
Outras situações (descreva abaixo):				

Avaliação das perguntas respondidas acima com "SIM":		
Nº	Detalhes/Especificação	Ações Corretivas e Preventivas

Plano do gerente responsável para implementar as ações corretivas e preventivas:			
Nº	Quem Faz	Quando	Observações

• • • Modificações

Resumo

Uma das maneiras de se aprender é com os erros do passado... e, nesse particular, a indústria tem tido a triste experiência de verificar que inúmeros de seus acidentes foram causados por modificações.

Em boa parte das modificações se introduzem condições fora de padrões, sejam de engenharia, sejam de processo. Ao operar uma dada modificação, nessas condições, um evento desastroso poderá ocorrer.

Isso não implica que fazer modificações seja algo negativo. Muitas modificações são feitas justamente para assegurar melhor nível de segurança (ou de produção, qualidade etc.). É preciso, então, distinguir entre uma modificação que restaura uma condição padrão de outra que a altera – para pior.

Para tanto, é necessário que as organizações tenham um sistema gerencial que controle a implementação de modificações, assegurando que as funções técnicas e produtivas apropriadas sejam envolvidas na aprovação, como no funcionamento ("partida") da modificação.

As modificações rotineiras podem – e devem – ser administradas com os recursos da própria organização – encarregados, supervisores, engenheiros. Para tal, o capítulo sugere um formulário que ajuda a examinar uma modificação proposta quanto aos efeitos que poderá ter em segurança, saúde e meio ambiente.

É bom ter em conta que modificações mais complexas poderão requerer conhecimentos especializados, não só de engenharia como de processo e de outras áreas correlatas.

CAPÍTULO 18

PERMISSÃO PARA TRABALHO

"Meu Filho, Não se Exponha Tanto!"

Quantas vezes já não ouvimos essa expressão? Mães aflitas que o digam! O que nela está implícito é a preocupação que qualquer mãe tem com seu filho quando ele sai à rua, seja para ir à escola, seja para comemorar algo com os amigos. Tal preocupação se liga a riscos que estamos habituados em nosso dia-a-dia, especialmente em metrópoles como São Paulo.

A idéia de *exposição* cabe muito bem para o conceito que queremos explorar. O ambiente em que momentaneamente estamos nos *expõe* a riscos que poderão ser permanentes ou circunstanciais. A própria calçada sobre a qual andamos pode se compor em um ambiente inseguro, em particular por causa dos "buracos" que ela possa conter. Já uma calçada plana, com superfície lisa, sem motivos que possam causar tropeções – ou inserção dos pés em depressões – poderá se tornar em *exposição* com risco de queda se circunstancialmente estiver chovendo, em particular, se o tipo de piso se torna escorregadio quando molhado.

É bom ter em conta que os riscos circunstanciais *se somam* aos permanentes, magnificando as conseqüências potenciais em caso que um acidente aconteça.

E no trabalho, como fica?

No trabalho, também temos riscos permanentes e circunstanciais. Os permanentes podem estar ligados à natureza dos produtos manuseados – inflamáveis, tóxicos, explosivos – ou na concepção e execução do projeto, os quais fazem os riscos "aderirem" de forma permanente às operações. Reconhecer que existem já é meio caminho andado no controle deles. Simplesmente não saber que eles lá estão – ou pior, fazer de conta que não existem – é convidar problemas. É só uma questão de tempo.

Já os riscos circunstanciais são mais fugidios, mais "evaporativos". É bem provável que o termo "evaporativo" caiba bem para o que queremos dizer, de vez que uma situação de risco possa ser criada – e desfeita – muito rapidamente.

Seria o caso clássico de alguém que tenta alcançar uma altura de 3 metros, digamos, sem tomar as precauções necessárias (e legais) contra quedas. "É só por pouco tempo..." São incontáveis os casos de acidentes – muitos deles sérios – que ocorrem em uma fração de tempo.

Toda empresa tem um desafio significativo ao enfrentar seus riscos circunstanciais, já que diferentes variáveis podem influenciar o aparecimento de tais riscos: desde pura ignorância quanto à maneira mais segura de se fazer um trabalho e até passando por falta de treinamento adequado ou por indisciplina (sabe o que tem de fazer, mas não o faz).

Objetivo deste capítulo

O que se pretende é apresentar um modelo de controle de riscos circunstanciais com cunho que pretende ser bem prático. Embora o modelo vise principalmente ao controle de situações temporárias, também pode ser usado em situações que envolvem riscos permanentes. Um caso típico: agressividade potencial de produtos químicos, porque são corrosivos, tóxicos, ou com outras propriedades potencialmente de risco.

A origem das coisas

O modelo a ser apresentado não surgiu "do nada", ou seja, não "caiu do céu". Ele resulta do extraordinário número de acidentes que aconteceram – e ainda acontecem – em ambientes industriais. Resulta como uma tentativa de se controlarem tais eventos, com um esforço desesperado de conter essa incidência de acidentes.

Conforme explicado em parágrafos anteriores, muitos desses eventos são de natureza circunstancial, isto é, podem ter tipicamente curta duração. O sistema a ser montado deve ter uma lógica, uma estrutura construtiva, que permita administrar os eventos circunstanciais dentro de condições seguras.

O modelo

A proposta é que qualquer modelo que se use "capte" os potenciais de acidente identificados em situações circunstancias, pois do contrário não estará alcançando seu objetivo.

Dessa forma, trabalhos rotineiros – e não rotineiros – devem estar sujeitos a algum tipo de análise prévia à sua execução. Mas significaria isso que todos os trabalhos estariam submetidos a tal procedimento? A resposta é: quase todos. As exceções são predefinidas, e as atividades ou trabalhos que caem nessa categoria passam a ser oficialmente isentos da exigência da análise prévia mencionada.

Exemplos de atividades que podem ser isentadas são: trabalhos repetitivos (como lubrificar periodicamente máquinas, troca de lâmpadas e outros pequenos reparos semelhantes). A justificativa para isenção está baseada principalmente na descrição *das* medidas *de* proteção que se devem tomar sempre que tais trabalhos repetitivos tenham de ser feitos.

Convém não se iludir com o aparente aspecto de um procedimento para se analisar um trabalho a ser feito – qualquer procedimento é uma ferramenta que usamos para fazer algo – no caso, prever quais são os riscos e tomar as precauções cabíveis – e se não o usamos com a competência esperada, já estamos incorrendo em riscos.

Duas opções

Uma atividade ou trabalho pode ser analisada por um sistema chamado "aberto" e outro "fechado" (ou uma combinação dos dois).

O sistema aberto faz perguntas abertas, isto é, não predefine a natureza da pergunta. Um exemplo de pergunta aberta é: "Quais os riscos a que você está sujeito ao fazer o que pretende?"

A pessoa que responder a essa pergunta provavelmente cobrirá mais de um aspecto quanto aos riscos das atividades que executará (ou que serão executadas, dependendo do envolvimento de outras funções especializadas, como mecânica, eletricidade, instrumentação, química etc.).

Já a pergunta "é perigoso mexer nesse cabo elétrico?" é "fechada", pois induz a pessoa que responde a mencionar apenas os riscos associados à eletricidade. Como regra geral, é mais informativo fazer perguntas abertas do que fechadas.

O modelo que trataremos neste capítulo se baseia apenas no sistema "aberto", mas comentários rápidos serão feitos quanto a um sistema comumente usado na indústria e que tem natureza mais *fechada* do que aberta.

O sistema "fechado" se apóia fortemente em *"checklists"* – literalmente "listas de verificação" – que apontam condições potenciais de riscos que *podem existir* às quais quem analisa coloca um "X" nas "caixinhas" que contêm "SIM", "NÃO" ou "NA" (Não Aplicável).

Permissão para trabalho – sistema aberto

A permissão para trabalho é um documento que se preenche quando se pretende fazer um determinado trabalho, como mostram os seguintes exemplos:

- Uma bomba para encher a caixa d'água deixa de "mandar" como de costume e está atrasando o serviço;
- Há necessidade de se "puxar" mais uma tomada de 220V para acionar uma máquina adicional no setor de produção;
- Um tanque contendo um produto inflamável precisa ser esvaziado e limpo para conter um outro produto;
- A fachada do prédio tem que ser pintada novamente (a altura máxima chega a 4 metros).

"Ordens de serviço" são então expedidas para que esses serviços sejam feitos, usualmente pelo setor interessado e executado pelo pessoal de manutenção. Com a ordem de serviço em mãos, o próximo passo será preencher a permissão para trabalho.

A permissão para trabalho é nada mais do que isso: uma permissão para iniciar e completar o trabalho. A permissão envolve pelo menos três funções:

- O emissor, ou seja, aquele que "emite" ou descreve o que precisa ser feito a fim de fazer com que suas necessidades sejam atendidas (o moinho "emperrou" – preciso dele operando!). Normalmente, o emissor pertence ao setor onde se origina a necessidade;
- O executor, ou seja, aquele que "repara" ou instala o quanto solicitado na ordem de serviço. Normalmente são mecânicos, eletricistas, pintores, enfim, funções mais especializadas;
- O aprovador, ou seja, quem aprova a permissão para trabalho. O aprovador deve verificar em detalhe o que se pretende fazer, quais são os riscos envolvidos e se as precauções são adequadas ao caso. Normalmente, o aprovador é uma função da organização que tem experiência e conhecimento suficientes para fazer um julgamento profissional competente e prático para tais casos. Supervisores e/ou gerentes de produção, de manutenção são exemplos clássicos.

Como é o formulário da permissão?

A permissão "aberta" se divide basicamente em três partes:

1. Descrição do que se pretende fazer;
2. Quais são os riscos envolvidos; e
3. Detalhamento das medidas preventivas necessárias.

É altamente recomendável separar o trabalho a ser feito em etapas, pois dessa forma os riscos associados à cada etapa podem ficar mais "visíveis", permitindo definir medidas de proteção para cada etapa.

Palavras de cautela

A experiência prática tem demonstrado que a consideração dos pontos, a seguir pode ajudar na avaliação dos riscos:

- Incluir no formulário um campo em que o emissor – ou executor – defina clara e exatamente **onde** o trabalho em pauta será feito. A simples proximidade de outras instalações pode aumentar significativamente os riscos. Em alguns casos, até mesmo a **hora** programada para o trabalho poderá ser um fator relevante;

- O prazo de validade da permissão deve ser apenas para o dia em que foi emitida. Caso haja necessidade de "passar para o dia seguinte", esta deverá ser reavaliada. Não é infreqüente haver fatos novos entre a emissão da permissão e sua execução e que podem comprometer a segurança daqueles que nela trabalham (ou que estão próximos do local de trabalho);

- A permissão deve ser conjuntamente preenchida, isto é, o emissor e o executor avaliam em conjunto as etapas necessárias, quais os riscos de cada etapa e quais medidas de proteção serão definidas. Tal prática evita interpretações individuais que possam comprometer a segurança dos trabalhos;

- O aprovador deve ser exigente e independente, a fim de testar a integridade do planejamento feito pelo emissor e executor. Deve ir ao local onde o trabalho será feito para suas verificações e tirar suas próprias conclusões;

- O aprovador – ou seu designado – deve, à freqüência predefinida – "dar incertas", verificar se o serviço está sendo executado como originalmente autorizado. Tais auditorias podem evitar muitos acidentes, pois tanto o emissor como o executor pode ter incluído itens no trabalho que não foram analisados na permissão;

- Um executor pode achar que "está seguro", pois "meu chefe já autorizou a permissão". Isso pode implicar riscos intoleráveis, pois o executor "transferiu" sua responsabilidade em reconhecer riscos – e de se proteger – ao seu chefe. A segurança individual sempre dependerá fortemente do grau de alerta e consciência que as pessoas tenham dos riscos a que estão sujeitas;

- A permissão deve ser emitida em duas vias: a "original" vai para o local onde o serviço está sendo feito e a cópia é retida pelo setor emitente. A via que está no local de trabalho é protegida contra as intempéries por um plástico. Dessa forma, é sempre possível "auditar" o serviço sendo feito a qualquer momento;

- Normalmente se conservam em arquivo as permissões completadas por seis meses, no mínimo. Aquelas permissões que tenham um valor instrutivo especial podem ser conservadas indefinidamente;

- Uma análise das permissões já completadas pode não só contribuir para a melhoria das condições de segurança, como também de produtividade, de qualidade;

- As pessoas envolvidas nesse procedimento de permissão de trabalho devem ser treinadas a fim de garantir um bom desempenho. Período de revisão do procedimento deve ser definido e seguido, como, por exemplo, retreinar o pessoal no procedimento a cada 18 meses;

- Registrar formalmente quem são os funcionários autorizados a emitir, executar e aprovar as permissões. Manter tal listagem atualizada;

- Sempre lembrar que um procedimento, por melhor que seja, é sempre uma ferramenta que usamos para fazer algo e não substitui conhecimento, treinamento, disciplina e cautela.

Um modelo apenas ilustrativo será apresentado a seguir – cada organização deve ajustar seus procedimentos conforme suas características e necessidades.

Modelo Ilustrativo de Permissão para Trabalho (Sistema "Aberto")

Data: Hora: Setor ou Local: Emissor: (Nome com letras maiúsculas e função) Validade dessa permissão: até ____(hora) do mesmo dia em que foi autorizada
Onde será feito o trabalho?
(Seja preciso ao descrever o local, por exemplo "ao lado direito e interno do portão de entrada de caminhões")
O que tem que ser feito?
(Separe em etapas o trabalho a ser feito – use os espaços abaixo para descrever os detalhes dessas etapas)
Etapa 1:
Etapa 2:
Etapa 3:

Continua

• • • Permissão Para Trabalho

Mais etapas? Descreva-as abaixo, numerando-as
Riscos
(Descreva os riscos que cada etapa apresenta)
Medidas de proteção
(As medidas de proteção devem cobrir todos os riscos identificados)
Executor do trabalho:
(Nome com letras maiúsculas e função)
Autorizado o trabalho por:
(Nome e função)

Continuação

Permissão para trabalho – sistema "fechado"

Um sistema de permissão que se baseia em checklists (listas de verificação) pode ser considerado como "fechado", já que aponta diversos parâmetros que possam comprometer a segurança dos trabalhos na forma de "lembretes".

Ao lado de cada parâmetro se colocam três alternativas, conforme anteriormente explicado: "SIM", "NÃO" e "NA" (Não Aplicável). Veja o exemplo que se segue:

"O trabalho a ser feito vai interferir com qualquer um dos parâmetros seguintes?":

PARÂMETRO	SIM	NÃO	NA
Energia elétrica			
Energia térmica			
Energia hidráulica			
Energia pneumática			
Energia mecânica			
Produtos inflamáveis			
Produtos químicos			
Espaço confinado			
Altura			
Escavações			
Içamento de cargas			
Etc.			

Para cada "SIM" que se coloque, há que se especificar as conseqüências esperadas e definir as medidas de proteção apropriadas.

Cada organização deve adotar o sistema que melhor atenda à sua cultura e experiência. Como o sistema aberto se presta melhor a casos gerais, sendo portanto aplicável nas mais diversas situações, foi escolhido por essa razão.

As mesmas palavras de cautela expressas para o caso anterior se aplicam igualmente ao sistema fechado de permissão para trabalho, com inclusão do seguinte comentário: a rotina diária pode induzir as funções que preenchem a permissão a colocar os "Xs" de forma mecânica, sem "pensar".

A vantagem do sistema fechado está justamente nos lembretes que o *checklist* nos faz – os parâmetros estão claramente indicados, e se o que formos fazer interfere – ou afeta – em qualquer um deles, então temos de fazer algo a respeito.

Resumo

O sistema de permissão para trabalho se baseia em identificar os riscos circunstanciais a que as pessoas estão sujeitas em seus ambientes de trabalho.

Riscos circunstanciais são aqueles transitórios, tipicamente aparecem e logo desaparecem. Riscos mais permanentes estão associados à natureza dos produtos manuseados, como, por exemplo, grau de toxicidade, inflamabilidade, explosividade.

Os riscos permanentes devem ser controlados por técnicas de engenharia, conhecimentos de processo de materiais, com auxilio de novas tecnologias.

Riscos circunstanciais podem ser controlados a rigor por dois sistemas: o sistema "aberto" e o "fechado". O sistema aberto se apóia em perguntas abertas, que não delimitam as fronteiras da pergunta, por exemplo, "quais os riscos a que você está sujeito ao fazer o que pretende?". Já a pergunta "é perigoso mexer nesse cabo elétrico?" provavelmente induzirá a pessoa que responde a se limitar aos riscos de natureza elétrica.

A permissão para trabalho aberta procura descrever com precisão o que, onde e quando será feito. A seguir, desdobra o que vai ser feito em etapas, identificando os riscos associados a cada etapa. Decorrem, então, as medidas preventivas que atendam aos riscos apresentados em cada etapa.

Normalmente, duas vias da permissão são emitidas: a primeira será colocada no próprio local do trabalho a ser feito (protegida com um plástico) e a segunda permanece no setor de origem. Devem-se guardar as permissões completadas pelo menos por seis meses. Aquelas com valor instrutivo podem ser guardadas indefinidamente.

Um sistema de permissão para trabalho – seja aberto seja fechado – é apenas isto: um sistema. Não substitui, portanto, treinamento, conhecimento, disciplina. Um papel assinado não promove automaticamente segurança de quem trabalha.

É recomendável designar formalmente aqueles que serão envolvidos na administração do sistema e estabelecer treinamentos periódicos de reciclagem. Igualmente importante é estabelecer um procedimento de auditoria do sistema de permissão, a fim de garantir que as devidas precauções estão de fato sendo tomadas.

CAPÍTULO 19

BLOQUEIO DE ENERGIA

ENERGIA ONIPRESENTE?

Onde quer que olhemos encontramos a manifestação de energia, sob as mais diversas formas – calorífica, elétrica, mecânica, potencial, química.

A Física nos ensina que "energia é a capacidade que um sistema tem de realizar trabalho". Via de regra, havendo um deslocamento – por queda, por impulsão originada por escape de gases ou por alívio momentâneo de uma mola que estava sob compressão –, podemos dizer que houve um trabalho, ou seja, houve transformação do tipo de energia inicialmente liberada.

A energia está presente não só no mundo macro – onde nossos sentidos "sintonizam" os eventos que envolvem energia –, como também no mundo microscópico, onde estamos alheios pelo menos enquanto não usarmos recursos que nos permitam avaliar o que lá se passa.

A ironia da liberação

Liberação é sinônimo de libertação e temos a noção implícita que liberar é melhorar. Mas "melhor" nem sempre é a opção que ocorre. Sem dúvida, a liberação de energia promove inúmeros trabalhos úteis, fazendo com que as atividades humanas produzam mais em menos tempo e com qualidade cada vez melhor. Essa liberação deve ser, no entanto, controlada, pois devemos operar de forma econômica e rentável.

Os problemas aparecem quando a energia é liberada de forma casual, aleatória, sem que tenhamos intencionado liberá-la. Um simples exemplo: uma ferramenta, com um peso qualquer P, caindo de 3 metros de altura, realiza um trabalho com sua queda. E se em sua trajetória encontra alguém, teremos certamente um acidente. A energia, nesse caso, é um dos fatores a analisar nesse evento. E, nesse caso, especificamente, determinar as razões pelas quais a ferramenta veio a adquirir a energia cinética por ela desenvolvida.

A sabedoria popular se refere a eventos que podem causar mal ou bem usando a expressão: "Essa é uma faca de dois *legumes* (gumes) – corta para o bem como para o mal." O mesmo se passa com a energia – pode realizar trabalho útil, como também estar na origem de muitos acidentes.

A segurança da neutralização

Ao conseguirmos "bloquear" uma liberação indesejada de energia, teremos dado um passo firme no sentido de garantir a segurança de quem trabalha sob a ação potencial de uma forma qualquer de energia.

Assim, por exemplo:

* Interrompendo a passagem de corrente elétrica para o equipamento em que tenhamos de fazer reparos;
* Fisicamente impedindo que um produto químico agressivo possa fluir a uma parte do sistema em que se vai trabalhar;
* Colocando sustentação adicional a uma massa que está a uma certa altura, impedindo sua queda ou movimentação acidental;
* Retirando produtos químicos gasosos que estão contaminando um determinado espaço físico (como, por exemplo, dentro de tanques de armazenagem ou de processo).

Todos os casos exemplificados acima envolvem energia – elétrica, química, potencial. Qualquer uma delas, se liberada descontroladamente, pode causar acidentes materiais e/ou com lesões:

* O motor de uma bomba centrífuga deve ser trocado, pois a bomba não está "mandando". A bomba é alimentada por um motor

trifásico, 220 *Volts*. Como vamos garantir a segurança daqueles que farão esse serviço (mecânicos, eletricistas, operadores)?;
- Uma tubulação de saída de um tanque contendo ácido sulfúrico apresenta vazamento em um "joelho", o qual precisa ser substituído. Como estabelecer medidas de proteção ao mecânico que fará a substituição?
- Um motor de caminhão é içado por meio de uma talha a fim de sofrer reparos. Um mecânico está posicionado no solo, "deitado", a fim de permitir acesso às partes inferiores do motor. O que faremos para evitar a queda acidental do motor sobre o mecânico?
- Um pintor sobe em um andaime, a uma altura de 5 metros, para executar um trabalho de pintura. Como impediremos que caia acidentalmente?
- Um tanque de armazenagem precisa ser reparado e contém ainda vapores de gases inflamáveis e tóxicos e que são inodoros. Como garantir que o ambiente interno do tanque estará seguro para que uma ou mais pessoas possam trabalhar de forma segura dentro dele?

"Mingau quente se come pelas beiradas"

Ou seja, há que se ter cuidado e proceder por etapas. Ao seguirmos uma sistemática disciplinada, teremos maior controle sobre os riscos envolvidos. Uma tal sistemática deve incluir, como mínimo:

- Identificação inequívoca do que se vai fazer: exatamente qual é o trabalho a ser feito, onde, quando, quais os seus limites físicos, tipo de conteúdo e quem são os interessados (usualmente aqueles que operam os equipamentos e que têm informações importantes a respeito);
- Definição clara das formas de energia envolvidas. Uma mola comprimida, por exemplo, se despercebida, pode causar um ou mais acidentes ao se descomprimir repentinamente;

- Liberação, tanto quanto possível, dessas formas de energia. Cuidar, no entanto, para que o procedimento de liberação não cause acidentes e/ou contaminação do meio ambiente. Liberar, aqui, pode significar retirar a pressão de um reator até que atinja o valor da pressão atmosférica;
- Bloquear todas as formas de energia que não puderam ser liberadas com meios que garantam que tais energias fiquem "presas" enquanto se realiza o trabalho. Cadeados em painéis de comando impedem que sejam abertos e ligados novamente, por exemplo;
- Fazer testes que comprovam que as energias foram de fato bloqueadas. Simplesmente acionar o botão de comando do circuito elétrico do equipamento (cuja "chave geral" foi desligada) é um teste simples e pode ser feito em qualquer situação. Há empresas que exigem, além disso, a medição do circuito desligado a fim de comprovar ausência de corrente;
- Usar um sistema eficaz de avisos quanto aos trabalhos que estão sendo feito com energias bloqueadas. Um sistema usado com freqüência envolve além de etiquetas especiais (que alertam quanto aos trabalhos sendo feitos e os riscos envolvidos), correntes plásticas coloridas (para isolar a área sob trabalho), placas móveis de alerta etc.;
- Treinamento de todas as funções envolvidas no procedimento de bloqueio de energia para garantir sua fiel execução. Tal treinamento deve incluir não só o caminho de ida para o bloqueio, como também **o caminho de volta**, isto é, como restabelecer com segurança as operações após término do serviço, logo após a remoção dos bloqueios.

Quem faz o quê?

As empresas descobriram que se aumenta o nível de segurança ao se designar, formalmente, quem faz o que nesse procedimento. Assim é que é recomendável apontar, por escrito:

- Quais funções – e ocupantes dessas funções – são autorizadas a bloquear equipamentos. O fato de uma pessoa ser eletricista não a qualifica, automaticamente, como alguém treinado para executar o procedimento de bloqueio. Tais funções são chamadas usualmente de **funções autorizadas;**

- Quais funções – e ocupantes dessas funções – são afetadas por um bloqueio que se faça em ambiente de trabalho. Operadores de máquinas são exemplos típicos. Tais funções são chamadas de **funções afetadas.** Essas funções normalmente não são autorizadas a fazer um bloqueio de energia. Elas são treinadas no procedimento para que saibam todos os requisitos desse procedimento e que possam, portanto, **impedir** que um trabalho seja feito sem as devidas autorizações;

- Quem aplica o treinamento de bloqueio de energia. Esse treinamento tanto pode ser dado por pessoal interno como externo, ou uma combinação deles, conquanto haja a competente qualificação profissional;

- Quem aprova e autoriza o programa completo de bloqueio de energia, principalmente o conteúdo do programa de treinamento.

O caminho das pedras

As empresas que apresentam excelente desempenho de segurança têm procedimentos que descrevem passo a passo todas as medidas para eficaz bloqueio de energia. Tais procedimentos são sempre acompanhados de treinamento – é vital que todos os envolvidos não tenham quaisquer tipos de dúvidas quanto aos requisitos do procedimento.

Mostramos a seguir um modelo de formulário – que pode ser modificado conforme as necessidades e características da empresa – e que ajuda no controle e aplicação do procedimento de bloqueio de energia.

Formulário para Bloquear Energia

Data:
Nome, função e empresa do executante do serviço (funcionário autorizado):
Funcionário autorizado é um profissional que está autorizado pela empresa a efetuar bloqueios de energia em equipamentos.
Descrição do serviço a ser feito e que precisa bloquear o equipamento a fim de permitir que o serviço seja feito com segurança:
Funcionários envolvidos presentes:
Funcionário envolvido é aquele que usa o equipamento ou trabalha perto dele.
Indique quais as formas de energia que devem ser bloqueadas: ( ) Energia elétrica ( ) Energia mecânica ( ) Energia pneumática ( ) Energia hidráulica ( ) Energia térmica ( ) Energia química ( ) Outro tipo de energia (especificar):
Confirme com um "X" que os passos seguintes foram feitos para um trabalho seguro: ( ) O equipamento a ser reparado está liberado para ser bloqueado (confirme com o responsável) ( ) O equipamento está em condições de ser bloqueado (está sem obstáculos e em relativa ordem) ( ) O equipamento está isolado de seu suprimento de energia (desligado) ( ) Bloqueios já foram colocados conforme as formas de energia acima indicadas ( ) A energia do equipamento já foi liberada (dissipada, solta) ( ) O teste de ausência de energia já foi feito

Continua

• • • Bloqueio de Energia

Indique com um "X" como o equipamento foi bloqueado

( ) Cadeado e etiqueta
( ) Retirada de fusíveis e etiqueta
( ) Colocação de calços e etiqueta
( ) Outros meios (especificar) e etiqueta

Confirmação da segurança do trabalho

Eu, _____ acima
indicado como executante desse trabalho, afirmo que o procedimento de bloqueio foi atendido integralmente e que está em condições de segurança para o trabalho a ser feito.

Funcionário autorizado executante

Gerente responsável? (ou seu representante):

Continuação

Resumo

Pressa e avaliação superficial de trabalhos a serem feitos em equipamentos têm causado acidentes pessoais e prejuízos materiais à indústria. Infelizmente, a história se repete com lamentável freqüência.

Energia é usada pela indústria em suas mais diferentes formas; uma das mais comuns é a energia elétrica. Existem outras formas de energia que podem não parecer tão óbvias e por essa razão podem surpreender e causar acidentes. Energia armazenada em uma mola comprimida, por exemplo, pode causar um acidente pela sua descompressão súbita. Energia hidráulica pode comunicar fenômeno de "ricocheteio" em uma mangueira, podendo imprimir notável força em seu movimento aleatório.

O segredo da segurança em trabalhos que envolvam quaisquer tipos de energia está justamente em identificar as formas de energia que envolvem o equipamento (ou equipamentos) em questão e liberar tais energias. Aquelas energias que não podem ser liberadas devem ser bloqueadas. Exemplo? Colocação de um calço em uma peça pesada, que evita sua queda em caso de falha da talha que a suspende.

Somente um procedimento detalhado e que seja seguido de forma disciplinada pode evitar que os acidentes ocorram com energia liberada subitamente. Tal procedimento deve especificar todas as etapas que vão garantir um trabalho seguro. Todas as pessoas envolvidas devem receber treinamento na aplicação do procedimento.

Uma prática que tem dado bom resultado é formalizar os profissionais que estão autorizados a efetuar bloqueios de equipamentos. Tais profissionais – usualmente eletricistas – são chamados de funcionários autorizados, pois somente a eles é outorgada a autoridade de bloquear equipamentos. Complementada essa medida, costuma-se apontar funcionários que usam os equipamentos – normalmente operadores – como afetados. Tais funcionários recebem treinamento completo, porém não efetuam os bloqueios. A principal obrigação deles é não permitir que seja feito um trabalho de reparo (ou manutenção) sem que se siga rigorosamente o procedimento estabelecido.

Um formulário de controle de bloqueio de energia foi apresentado como sugestão. Tal formulário pode ser modificado conforme as características da empresa e em muito contribuir para a segurança dos trabalhos.

CAPÍTULO 20

INSPEÇÕES

A Arte de Prever o Futuro?

Não há como negar – o futuro pode ser previsto sim! Talvez não possamos precisar o dia e a hora, mas é perfeitamente possível antever que uma dada situação vindoura poderá ocorrer.

São tantos os exemplos da vida prática para demonstrar a validade dessa afirmação... quantas vezes mães não se preocupam com seus filhos – e filhas – em virtude de fatos que ocorrem no presente e que poderão trazer conseqüências específicas e preocupantes no futuro?

O processo envolve além da intuição, uma seqüência lógica – porém inconsciente – de raciocínio por indução. Tal raciocínio implica juntar diversas partes distintas e aparentemente desconexas, analisá-las e chegar a uma conclusão mais provável: é como juntar as peças de um quebra-cabeça. Ao final da montagem, vê-se a figura e pode-se entendê-la.

Ligando ciência à arte

Na indústria, devemos fazer mais uso da ciência do que da intuição, embora seja inegável que esta última tem sido de auxílio para muitos executivos! Para podermos estabelecer uma base sólida de raciocínio, devemos construir o que se chama de uma "base de dados".

A ciência a que nos referimos aqui poderá ser simples e fundamental para a grande maioria dos casos. A base de dados que se procura estabelecer deve responder às seguintes perguntas:

- Quais são os principais riscos de nossa instalação?
- Onde tais riscos são mais freqüentes?
- Como diferem tais riscos uns dos outros, isto é, alguns deles poderão causar acidentes e danos mais sérios do que outros?
- Algumas das situações observadas e que contêm riscos são repetitivas?
- Que tipo de preparo, isto é, de conhecimento, será necessário para reconhecer tais riscos e tomar as providências necessárias?
- Quando será feito o que tem que ser feito? (Isto é, quando se tomarão as medidas preventivas e corretivas?)

O "tamanho" da ciência – ou sua complexidade – variará na razão direta da sofisticação do processo operacional da instalação. Em qualquer caso, se requer uma combinação disciplina e de consistência. A disciplina se faz necessária para que coisas aconteçam quando devem acontecer, e a consistência fará com que haja ligação, lógica sustentável entre as observações feitas.

Inspeção como uma forma de ciência

Da mesma forma como uma ciência reúne fatos e observações e constrói uma teoria apoiando-se em tais fatos e observações, assim deve funcionar uma inspeção. Ela deve juntar as informações e estabelecer ações que respondam às questões levantadas pela inspeção.

Nesse particular, podemos identificar três tipos distintos – porém complementares – de inspeções. Já é estabelecido na indústria chamar de "auditoria" (em vez de "inspeção") quando o grau de complexidade da operação assim o justifica. Nessa base, identificamos:

- Auditoria de sistemas gerenciais;
- Auditoria especialista de sistemas operacionais; e
- Inspeções operacionais.

Passemos a explicar resumidamente cada uma delas e a que propósitos atendem.

Auditoria de sistemas gerenciais

É de esperar que uma empresa estruturada em níveis operacionais, para atender a uma demanda que exija coordenação eficaz de suas atividades, tenha procedimentos escritos formais.

Tais procedimentos permitem garantir reprodutibilidade não só de exigências de desempenho do produto, como também de aspectos que envolvem a segurança de suas operações, como da saúde de seus empregados e da proteção ao meio ambiente no local onde opera uma tal empresa.

A auditoria de sistemas gerenciais verifica se existem sistemas montados e funcionando para atender às necessidades existentes. Como exemplo, uma auditoria de sistemas gerenciais poderá verificar que sistemas montados uma empresa tem para garantir que a manutenção adequada dos equipamentos de seu parque industrial. Um de tais sistemas poderá justamente ser "inspeções". As inspeções programadas dos equipamentos poderão sustentar um programa de manutenção preventiva, por exemplo.

Em suma, a auditoria de sistema gerencial procura responder às seguintes perguntas:

- Para um requisito dado, existe um sistema gerencial de controle?
- Caso positivo, existem procedimentos escritos?
- Tais procedimentos já foram implantados?
- Os procedimentos implantados atendem aos requisitos básicos do sistema ou padrão que procuram atender?
- Existe um processo de verificação que a própria organização faz, a fim de garantir que o procedimento está funcionando como deve?

Auditoria especialista de sistemas operacionais

Uma auditoria especialista confirma que um sistema operacional está cumprindo fielmente sua intenção. Seria o caso de uma indústria que tem sofisticado sistema de proteção contra incêndio. Somente um especialista no ramo de proteção e combate ao incêndio pode, com competência, dar essa garantia.

A organização deve decidir a priori quais sistemas operacionais devem estar sujeitos a auditorias especialistas. Em função dessa listagem, pode-se, com tempo, identificar empresas de reputação que possam executar as referidas auditorias.

Uma auditoria de sistemas gerenciais poderá perfeitamente recomendar à empresa sendo verificada quais sistemas deverão sofrer auditorias especialistas – tudo dependerá das observações que forem feitas.

Inspeções operacionais

A inspeção operacional é o nível mais simples e fundamental dos três tipos de auditoria, mas nem por isso é menos importante. Já é costumeiro chamar esse tipo de auditoria simplesmente de inspeção.

Esse tipo de auditoria está na "linha de frente" dos processos de verificação e é sem dúvida complementar aos dois outros tipos de auditorias. Com a licença do leitor, vamos repetir as perguntas que esse tipo de auditoria procura responder e, em seguida, propor um procedimento que possa ser aplicado de imediato:

- Quais são os principais riscos de nossa instalação?
- Onde tais riscos são mais freqüentes?
- Como diferem tais riscos uns dos outros, isto é, alguns deles poderão causar acidentes e danos mais sérios do que outros?
- Algumas das situações observadas e que contêm riscos são repetitivas?

- Que tipo de preparo, isto é, de conhecimento, será necessário para reconhecer tais riscos e tomar as providências necessárias?
- Quando será feito o que tem de ser feito? (Isto é, quando se tomarão as medidas preventivas e corretivas?)

O formulário que se propõe a seguir é auto-explicativo, e apenas para adequar à formatação do tipo de página deste livro está sendo apresentado no formato "paisagem".

Formulário Sugerido para Inspeções Operacionais

Formulário Sugerido para Inspeções Operacionais
Fábrica ou local:
Unidade:
Departamento ou setor inspecionado:
Data dessa inspeção:
Inspecionado por: (nome e função)
Aprovado por: (nome e função)
Data dessa aprovação:

Observações da Inspeção			Acompanhamento		
Equipamento ou item	Riscos	A, B ou C	Repetitivo? (Sim ou Não)	Ação	Quem	Quando	Ação Terminada?

Equipamento ou item

Aqui tanto poderá estar anotado um equipamento específico – como uma bomba centrífuga, por exemplo – como uma estrutura de sustentação.

Riscos

Em linguagem telegráfica, indicar quais riscos estão sendo observados ("corrosão da base da coluna do lado norte do prédio").

Classificação do risco observado (A, B ou C)

Um risco tipo A pode causar acidente fatal ou danos sérios à instalação (um reator pressurizado operando com seu sistema de controle de pressão desativado). Um risco tipo B, por sua vez, pode causar acidentes graves – como fraturas (ou queimaduras de 3º grau). Uma plataforma, a três metros de altura e que esteja em condições precárias e onde um operário faz suas leituras horárias, pode ser exemplo de um risco tipo B. Um risco tipo C pode causar acidentes mais leves, como, por exemplo, alguém trabalhando com um solvente sem usar luvas de proteção.

Repetitivo (Sim ou Não)

Basta apontar que o risco sendo anotado é ou não repetitivo. Se repetitivo, sem dúvida lança preocupações à organização.

Ação

Aqui se propõe uma ação, que tanto pode ser corretiva como preventiva. (No caso de não se saber no momento exatamente o que fazer, a ação poderá ser "consultar engenheiro Fulano de Tal".)

Acompanhamento

O acompanhamento visa a assegurar que as ações recomendadas estão em curso ou completadas. Para tanto, identifica-se quem fará o acompanhamento e quando.

Ação terminada?

Uma afirmativa, aqui, deve tranqüilizar os administradores do programa de inspeções ou disparar atitudes corretivas urgentes conforme o caso requeira.

Resumo

Inspeções procuram corrigir situações inadequadas hoje, a fim de evitar problemas no futuro. Isso se consegue com uma combinação apropriada de competência profissional e disciplina. As inspeções fazem parte de um sistema mais completo de auditorias que as organizações usam. As auditorias de sistemas gerenciais verificam se existem sistemas montados que atendam aos padrões exigidos. É necessário que haja procedimentos, que tais estejam funcionando e que de fato atendam aos requisitos dos padrões a que se subordinam. Já uma auditoria especialista confirma se um dado sistema operacional oferece o desempenho que se espera dele. Seria o caso de uma fábrica que tenha sofisticado sistema de proteção contra incêndio. Somente um especialista no ramo poderá dar essa garantia, após verificação cuidadosa de seus elementos. Uma inspeção constitui também em uma auditoria, mas comumente é chamada apenas de inspeção. Um formulário de inspeção poderá ser uma ferramenta extremamente útil para uma organização. Sugere-se, neste capítulo, um modelo de inspeção, que poderá ser modificado para se ajustar às necessidades da empresa.

CAPÍTULO 21

O MAPA DA MINA

ONDE TODOS OS PONTOS SE ENCONTRAM...

Este livro termina, com este capítulo, com um tema que poderia ter sido explorado em primeiro lugar (e não em último, conforme agora está). Afinal de contas, ao se colocar as mãos em um "mapa da mina", pode-se chegar ao tesouro... e um tal mapa deveria estar disponível no começo de uma empreitada, e não ao fim dela.

Por outro lado, talvez seja até melhor que este capítulo seja o derradeiro do livro, pois o tema por ele coberto fará referências a temas apresentados, facilitando uma melhor compreensão de como os diversos sistemas já percorridos podem ser explorados com mais sinergia.

Centro nevrálgico...

De um local onde todos os pontos se encontram e de onde saem diretrizes corretivas e preventivas, podemos dizer que se trata de um centro nevrálgico. As palavras "centro nevrálgico" emprestam importância ímpar às atividades sendo executadas em um tal centro.

Sem mais delongas, excelentes resultadas se têm obtido em muitas multinacionais pela implantação de um Grupo Diretor de "SHE". "SHE" significa, conforme já vimos, Segurança, Saúde e Meio Ambiente, já que se origina do inglês *Safety, Health and Environment*.

Costuma-se também denominar tais grupos como "Comitê Central de SHE". O nome em si não é importante. O que importa mais é sua estrutura hierárquica e a missão que norteará os trabalhos do grupo.

Por que ter um "Comitê Central de SHE?"

Muito já se escreveu sobre a incapacidade dos comitês em fazer as coisas acontecerem. A questão não é unilateralmente decidir que "se é um comitê, não vai funcionar". A questão fundamental é o tipo de liderança que encabeçará um comitê desse tipo. A liderança apropriada fará as coisas acontecerem, e existem casos documentados que atestam essa afirmação.

O comitê central desempenhará a função coordenadora de todo o esforço de SHE em uma dada organização. Será ao mesmo tempo o ponto de encontro de todos os temas de SHE e o ponto de partida de todas as diretrizes corretivas e preventivas. Será, em suma, o centro nevrálgico de SHE da organização.

Quais são as principais características desse comitê?

- Deve ser presidido pela mais alta autoridade da organização;
- Deve conter todos seus subordinados diretos;
- Deverá se inter-relacionar com outros comitês – internos – e que representam outros níveis da organização. Normalmente, não mais do que três comitês são suficientes para abranger toda a empresa (nível 1: presidência e diretoria (ou gerência senior); nível 2: gerência média e supervisão e nível 3: encarregados e operadores). Mais adiante se apresentará um esquema gráfico que poderá esclarecer melhor esse requisito;
- Deve se reunir com freqüência mínima de seis vezes ao ano (ideal: freqüência mensal);
- Deverá haver compromisso de todos membros em não faltarem às reuniões – somente em caso de força maior é que se designa um substituto. Somente o presidente do comitê pode autorizar uma substituição;
- Deverá ter uma agenda permanente;

- Deverá ser secretariada pelo gerente que responda pelos aspectos específicos de SHE da organização;

- Deverá receber e/ou convocar especialistas na área de SHE conforme as circunstâncias determinarem (por exemplo, um médico especialista em Medicina do Trabalho que fará uma apresentação específica sobre um problema de saúde ocupacional que a empresa esteja enfrentando);

- Deverá, idealmente, conter como membro permanente o gerente ou advogado que cuida da parte jurídica do trabalho. A troca de informações com outros elementos da organização poderá evitar inúmeros problemas com relação a medidas legais.

E quanto às suas atribuições?

A principal atribuição é garantir um rumo, um percurso que atenda aos requisitos dos padrões de SHE que a organização segue, garantindo um desempenho que se alinhe com os melhores do mundo nessa área.

Um modelo de agenda permanente pode dar uma melhor idéia das atribuições rotineiras desse comitê e que objetiva criar as condições para um desempenho ótimo:

1. Revisão dos acidentes e incidentes do mês anterior

   (Explicações sobre as circunstâncias de cada caso serão dadas pelos respectivos gerentes responsáveis pelas áreas a que respondem. É importante que tal atribuição não seja simplesmente delegada ao gerente de SHE da organização.)

2. Tópicos de saúde ocupacional e meio ambiente

   (Aqui, a organização revê que tipos de problemas enfrenta nessas duas áreas. Ocorre, com freqüência, que incidentes tenham tido impacto tanto em saúde como em meio ambiente – seria o caso de um vazamento significativo de qualquer produto químico que seja mais agressivo à saúde e ao meio ambiente.)

3. Atos inseguros – tendências.
   (Se a organização já implantou um sistema de observação – e correção – de atos inseguros, estará em condições de analisar o desempenho de todas as áreas da organização. Este recurso permite tomar ações **antes** que os acidentes aconteçam.) Remeto o leitor ao Capítulo 12, no qual o tema de atos inseguros é examinado com mais detalhes.

4. Inspeções feitas e em andamento
   (Conforme já visto no Capítulo 20, as inspeções podem ser uma ferramenta preciosa na antecipação de problemas futuros.)

5. Auditorias internas e externas realizadas
   (Tanto auditorias levadas a efeito pela própria empresa – como costuma ser o caso de multinacionais – como auditorias de órgãos do governo (Ministério do Trabalho, Meio Ambiente) são revistas quanto às observações respectivas e como anda o programa de atendimento aos requisitos corretivos e preventivos.)

6. Outros assuntos
   (Esse tópico da agenda permite ao presidente do comitê avaliar quaisquer outros temas – relacionados com SHE – e que necessitam da atenção do comitê.)

7. Tópicos para a próxima reunião
   (Não somente tópicos específicos podem ser alinhados para a próxima reunião, como também o local dessa. Conduzir essa reunião em sistema rotativo – como nas fábricas, e não apenas no escritório corporativo – pode dar muito impulso ao programa de SHE da organização.)

Ligando toda a organização no esforço de SHE – modelo gráfico

O modelo simplificado a seguir mostra três níveis de uma organização. Algumas explicações se fazem necessárias:

- "A" corresponde ao presidente da empresa (ou ao nível hierárquico mais alto) e preside o comitê de nível 1;
- "B", "C", "D", "E" e "F" representam aqueles níveis que se reportam a "A". É óbvio que se pode ter mais do que cinco membros nesse nível;
- "D", no nível 2, preside o comitê desse nível. Nota-se que "D" é membro do comitê de nível 1;
- "K" preside o comitê de nível 3 e é membro do comitê de nível 2.

O ideal é que se ligue toda a empresa, desde a diretoria até o "chão de fábrica". Dessa forma, se têm condições potencialmente melhores para comunicações de duas vias, em ambos os sentidos (isto é, da presidência para o chão de fábrica e vice-versa).

INTER-RELACIONAMENTO DOS COMITÊS

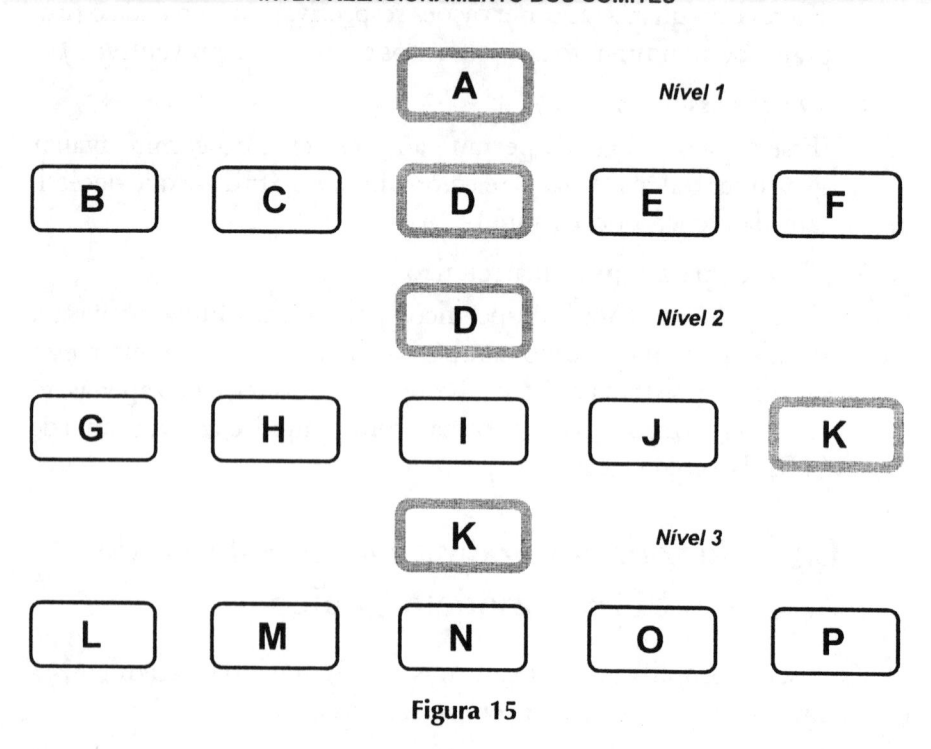

Figura 15

Resumo

Convergir as informações – e ações derivadas – em um comitê central de SHE pode fazer toda a diferença nos resultados e desempenho da empresa em SHE.

Embora se associe, usualmente, inação com comitês, é importante frisar que o fator preponderante em fazer as coisas acontecerem é o tipo e estilo de liderança que preside um comitê de SHE.

Melhores resultados se obtêm ligando a empresa toda nesse sistema de comitês, geralmente dividindo a organização em três níveis: de diretoria, de gerência média e de supervisão.

Uma agenda permanente deve guiar os trabalhos do comitê, e as reuniões devem ser realizadas impreterivelmente nas datas agendadas. Recomenda-se uma freqüência mínima de seis reuniões por ano. O ideal é que se façam reuniões mensais.

Todos os componentes dos comitês devem assumir compromisso em não faltar às reuniões. Substitutos só deverão ser indicados em caso de força maior.

ÍNDICE REMISSIVO

Índice Remissivo

Acidente
   A pirâmide dos, 19-20
   Caso ilustrativo, 73
   Causas, 13
   Causas imediata, indireta e raiz, 24-25
   Classificando, 69
   Definição na indústria, ações, 6
   Desempenho e nenhum acidente, 81
   Fonte dos, 20
   Formulário de investigação de, 43
   Glossário de termos correlatos a acidentes, 46
   Limite estabelecido, 78
   Modelo de "filtragem", 37
   Medidas de contenção de, 65
   Nº de dias sem, 102, 103
   Ordenando as causas de, 23
   Resultados na prevenção de, 21
Acidente classificado
   Definição de, 71
Acidente com afastamento
   Definição de, 72
Acidente grave (ou "maior")
   Definição de, 71
Acidente leve (ou "menor")
   Definição de, 71
   Em tabela de atos inseguros, 99
   Inserido em tabela de classificação, 89
   Na pirâmide de acidentes, 18
Árvore de falhas
   Exemplo corriqueiro, 53
   Técnica de, 51
   Representação gráfica, 52
Atitude
   E diferença com comportamento, 98
   Em contexto de ato inseguro, 103
Atos inseguros
   Classificando, 97
   Pesos de, 99
Auditoria
   gerencial, 202
   especialista, 203
   Operacional, 203
Bhopal, Índia
   Isocianato de Metila, 142
Bloqueio de energia
   Formulário para, 195
Boa fé
   Na investigação de acidentes, 34
Caminho das pedras
   E planos de emergência, 155
   E bloqueio de energia, 194
Causa imediata
   Definição de, 24
   Crítica à definição de, 26
Causa raiz
   Definição, 25-28
   Níveis de, 31
Causas
   Ordenação de, 27
   Imediata, Indiretas e Raiz, 27-28
Comitê
   Central de "SHE", 211
Comportamento
   Fatores tempo, de probabilidade, de polaridade, 112-113
   Observável, 98
Dicas
   Para condução de JSA, 124
   Para escrever procedimentos, 132
Disciplina das informações
   Critérios, 38
Dupont

Fábrica de produtos químicos, 3
Eclesiastes
   E a inexorabilidade dos acontecimentos, 138
Engenheirês (supervisores)
   E procedimentos, 129
Estudos de Riscos
   E "Palavras-Guia", 144
Fatalidade
   Definição de, 71
   E atos inseguros, 115
   E índice de freqüência, 82
   E vazamento de ciclohexano, 142
Fatos e opiniões
   Definições, 35
Flixborough, Inglaterra
   Vazamento de ciclohexano, 141
Formulário de investigação
   O que incluir, 42
   Sugestão de, 43
Frank E. Bird, Jr.
   Hierarquia de eventos, 20
   Pirâmide de, 19
George S. Odiorne, 35
   Fatos e opiniões, 35
Glossário
   De termos típicos, 46
Good SHE...
   "Is good business", 4
Grupo ICI
   E Estudos de riscos, 139
Hazop
   "Estudos de riscos 3", 142
HSE
   Health and Safety Executive, 80

Incidente
   Definição, 7, 46
   Sofisticado, 14
   Classificando, 85
   Qualificando critérios, 87
   Conseqüência dos, 88
   Nº de por trimestre, 94
   Palavras de cautela, 94
   E ato inseguro, 95
Índice de gravidade
   Uso de, 80
Inflação
   E excesso de palavras em procedimentos, 130
Inspeção
   Formulário para, 205
   Operacional, 203
Job Safety Analysis (JSA)
   Como análise de riscos, 118
   Aplicação de, 120
JSA
   Dicas para condução de, 124
Linha do tempo
   Em incidentes, 87
Mapa da mina
   E pontos de encontro, 210
Niveis de desempenho
   E atos inseguros, 102
OSHA
   Occupational Safety and Health Act, 84
Procedimentos
   Dicas para escrevê-los, 132
Seveso, Itália
   Agente "laranja", 142
SHE
   Significado, 83

Em tópicos de agenda de reuniões, 212
Sistema ABC
   E comportamento, 108
Surdez e cegueira ambiental
   Na análise de riscos, 119
Thomas R. Krause
   E questões comportamentais, 109

Tintas Coral
   Empresa do Grupo ICI, 4
   E classificação de acidentes, 70
Toque de recolher
   E acidentes, 65
Troca de pneu
   Procedimento para, 133

PCM – Planejamento e Controle da Manutenção
Autor: *Herbert Viana*
Formato: 16 x 23 cm
Págs.: 192 págs.

No livro são abordados aspectos como a evolução da manutenção; a organização básica de uma área de manutenção, suas identificações e, principalmente, seus fluxos de informação; os cadastros necessários para uma boa intervenção mantenedora; as qualificações mínimas indispensáveis àqueles que desejam atuar na área; e a forma como deve ser organizada, pensada e executada a ação preventiva nos equipamentos industriais.

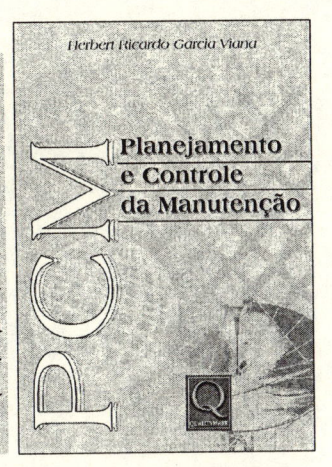

Manual de Confiabilidade, Mantenabilidade e Disponibilidade
Autor: *João Ricardo Barusso Lafraia*
Formato: 16 x 23 cm
Págs.: 388 págs.

A obra é ideal tanto para os profissionais e estudantes interessados em aplicar a técnica da Manutenção Centrada em Confiabilidade (MCC), quanto para os que desejam conhecer com maiores detalhes a Avaliação de Vida Remanescente de Equipamentos. Os primeiros 10 capítulos da obra abordam os conceitos de Confiabilidade, incluindo Confiabilidade Humana. Os 10 seguintes mostram os conceitos básicos de Mantenabilidade e Disponibilidade. No final do livro, o autor apresenta um breve resumo sobre a técnica de Inspeção baseada em Risco, destinado ao pessoal de manutenção voltado para a inspeção de equipamentos, e um capítulo sobre aspectos gerenciais.

Entre em sintonia com o mundo

QualityPhone:
0800-263311
Ligação gratuita

Rua Teixeira Júnior, 441
São Cristóvão
20921-400 – Rio de Janeiro – RJ
Tel.: (0XX21) 3860-8422
Fax: (0XX21) 3860-8424

www.qualitymark.com.br
E-Mail: quality@qualitymark.com.br

Dados Técnicos

Formato: 16 x 23

Mancha: 12 x 19

Corpo: 12

Entrelinha: 14

Fonte: Times New Roman

Total de Páginas: 232